中国之旅丛书

生活之旅

龚纹◎著

五洲传播出版社

图书在版编目（CIP）数据

生活之旅 / 龚纹著. -- 北京 ：五洲传播出版社，
2024.4
（中国之旅）
ISBN 978-7-5085-5177-7

Ⅰ. ①生… Ⅱ. ①龚… Ⅲ. ①社会生活－概况－中国
Ⅳ. ①D669

中国国家版本馆CIP数据核字(2024)第057072号

生活之旅

著　　者：龚　纹
出 版 人：关　宏
责任编辑：刘　波
图片提供：东方IC　China Foto Press　香港《中国旅游》图片库
FOTOE　全景图片库
出版发行：五洲传播出版社
地　　址：北京市海淀区北三环中路31号生产力大楼B座6层
邮　　编：100088
发行电话：010-82005927　010-82007837
网　　址：http://www.cicc.org.cn　http://www.thatsbooks.com
印　　刷：北京市房山腾龙印刷厂
版　　次：2024年4月第1版第1次印刷
开　　本：787 × 1092mm　1/16
印　　张：9.5
字　　数：45千字
图 片 数：141幅
定　　价：79.00元

目录

83 沉醉家园

逸乐有道 99

133 颐养年代

中国生活　活色生香

多年前，各国旅人通过“长城”“故宫”“熊猫”去了解中国；而到今天，关于“中国”的关键词早已不能用简单的数字去衡量。开放的旅游环境和发达的互联网让中国的形象从昔日媒体报道中的单纯、简略渐渐变得丰满、真实。她，带着岁月博大的气质，但亲切得犹如一位老朋友。了解中国的历程，不仅仅是俯视她呈现出的大国风范，更重要的还是在点滴生活中去体味她散发的内在魅力。只有生活中的亲密接触，才能让你真切地去感受和理解中国和中国人。

中国曾是传统农业大国，粮食历来被奉若神明。中国人不仅由衷地尊重食物，更深谙饮食中的理和趣。煎炒烹炸等等奇妙的方法，结合油盐酱醋等等寻常的调料，就酿成了酸、甜、苦、辣、咸五味，缔造了由色、香、味、意、形、养构成的东方饮食风景。美食，不仅是味觉的狂欢，更是根植于平凡生活中的最博大的民间文化，如同烤鸭的奇妙不仅在盘中，还在刀刀精确的分解过程；好比火锅的美味不仅在舌尖，还在一锅涮出天下香的热烈磅礴。

年节的喜庆也要由饮食来点缀。从春节到腊八，从饺子、年糕到元宵、粽子，节令食品使传统佳节变得鲜活生动。中国的饮食文化博大精深，从路边小摊的一份早点，到满汉全席的上百样各地名菜，无论繁简，都是中国生活的点睛之笔。

中国人发现并制造了茶，而茶则为中华民族注入了平和淡定、儒雅蕴藉的性情。采茶、制茶、饮茶，无不凝聚着中国传统文化的精髓；茶器、茶礼、茶道，一一展现出中国式的生活美学。春天的四合院，伴着清晨的一碗茉莉花茶，会让心漫游至古都京城；夏天，置身于或喧闹或恬静的南国茶馆里，一杯平和中正的“功夫乌龙”会顺着喉咙让身心瞬间清澈；秋天，游历于茶马古道，来杯甘醇厚重的普洱，用味蕾去品读陈茶的岁月是何等快事；冬天，三五好友在蒙古包中围炉而坐，喝着浓郁的马奶砖茶，咸香带着暖意席卷身心。崇尚自然、无拘无束的茶道精神，穿越漫长的历史，回

荡至今。

如果说“民以食为天”，那么酒则是天赐的甘霖。为酒香而沉醉的华夏民族，千年来固守着“食粮结晶”的酿制理念，酒文化源远流长。酒在中国古代与宗教、政治、军事密不可分，在文化生活中更是摇曳多姿、佳话不断。历代文人墨客都与酒结下了不解之缘。温和甘醇的黄酒至今是中国独有的酒类，世界三大蒸馏酒之一的国酒茅台早已成为中国飘香的名片。饮酒是中国人不可缺少的生活习惯，更是一种娱乐和社交方式。传承千年的酒德、酒礼、酒俗、酒习，同美酒佳酿共同构成中国的酒文化，传递着真挚热烈的情感，折射出无酒不成席、无酒不成礼、无酒不成欢的民族心理。

中国人茶余饭后的休闲娱乐更是千姿百态。今天，你可以专程奔赴北京南城的琉璃厂觅求古时的诗书画印，也可以随意找个胡同的角落与扎堆博弈的老人们纹枰论道；湖广会馆里正在演绎着脸谱下的粉墨人生，而某个街角的集市里，说说唱唱的艺人们正讲演着平凡悲喜。那份淡定和从容的气质值得慢慢品味。中国人坚信天、人、气应该完美合一。这个信念催生了随着自然规律而行动的养生理论。跟随天意去细心呵护身心，是中国人的处世方式，也是颐养天年的真谛。

此刻，中国的美食准备挑战你的味觉神经，佳茗和美酒带你回到梦中的东方，千年积淀的智慧游艺即将唤醒你沉睡的心灵，而华夏的养生之道正在为你开启关爱身体的哲学之门。这一段活色生香的中国生活之旅，等待着你来尽情地领略。

杨 平

饕 餮 乐 土

吃遍中国节

今天，随意翻开一本中国日历，就会发现它被各种节日装点得异彩纷呈。在中国人欢度传统佳节的时候，各类独具中国特色的节令食品扮演了举足轻重的角色。

春节是中国的农历新年伊始，也是中国人最重大的节日。

北方人说“过年谁不吃顿饺子”，南方人便不买饺子的账。真正不分南北的“年食”其实是“年糕”，寓意“年年登高”。北方的年糕可蒸可炸，味道以甜为主。百果年糕是北京的传统小吃；东北人用黏高粱米蒸年糕；山西人喜食黄米粉炸年糕；河北人则在年糕中加入红枣和绿豆。南方的年糕除了蒸、炸，还可炒、煮，咸甜皆宜。江浙一带的年糕用粳米做成，味道清淡，适合片炒和汤煮；广东的萝卜糕、芋头糕添加了腊肉、海米和冬菇，另有一番鲜香。从前的年糕

在每一个传统节日，中国人的庆祝方式都与饮食密不可分。

正月十五吃元宵，丰富多彩的节日饮食使中华传统文化的精髓传承至今。

全凭手工制作，江南叫作“舂年糕”。每年年底舂年糕是江南农家的盛事：将浸泡了两三天的糯米用石磨磨成浆，沥干水分后用铁锅蒸透，倒入石臼；然后一家老小齐上阵，青年喊着号子用大木杵击打石臼里的米粉团，老人和孩子一旁添水、翻动粉团，就在热火朝天的舂年糕中迎来新的一年。

俗话说“过完十五过完年”，春节的喜庆要一直持续到正月十五，这便是又一个重要的民间传统节日——元宵节。元宵节的主角自然是“元宵”。“元宵”是北方的称呼，南方叫作“汤圆”，都由糯米裹馅制成，形状浑圆，象征“团团圆圆”。

端午节吃粽子的习俗历史悠久。

北方人做元宵先将芝麻、花生、豆沙等馅料捏成小块，置于铺好糯米粉的箩筐中来回筛动，不断蘸水，使馅料一层层粘上糯米粉，直至浑圆饱满。南方的汤圆是包出来的，用糯米面皮包上馅料捏紧搓圆即成。汤圆的个头通常比元宵要大，馅料可甜可咸。江南人家用碧绿的蔬菜制馅，包成憨态可掬的大汤圆，一对汤圆便可成为一餐。

时令到了初夏，农历五月初五端午节，家家户户又忙着采摘粽叶、淘洗糯米、包粽子。粽子的包法是：将碧绿的粽叶三两片重叠，在手心里窝成锥状，倾入糯米和馅料，密密裹好，用棉绳扎紧。煮好的粽子精巧可人、清香软糯，吃的时候蘸上白糖或蜂蜜，直甜到心里。北方的粽子以甜馅为主，小枣和豆沙是主角；南方还有鲜肉、火腿、蛋黄等咸味馅料，与香甜的糯米相映成趣。

到了金秋，中国人的第二大传统节日——中秋节在圆月时节登场。中秋月饼形似满月，寓意“团圆”。中秋之夜，家家户户围坐一堂，赏明月，尝月饼，人月两圆，其乐融融。月饼流派众多，有京式、广式、苏式、滇式、潮式、港式等。如今领衔的是广式月饼，皮薄馅大，油润细腻，馅料丰富，除了传统的五仁、豆沙、莲蓉、蛋黄等，能想到的吃食几乎都能入馅。今天，如果你在中秋佳节里吃到了香槟葡萄或是芝士奶黄月饼，千万不要惊讶。

象征团圆的月饼是中国人欢度中秋佳节必备的美食。

从年头吃到年尾，转眼冬雪又至。农历十二月初八是春节的序曲——腊八节。这一天，南北各地都要将五谷杂粮投入锅中，熬上一锅“腊八粥”。时下的腊八粥里已远不止八种材料，各种谷类、豆类、薯类、干果、蜜饯、蔬菜熬成的腊八粥，既是美味，也是养生的佳品。北方各地在腊八节这天还要用老陈醋浸上新蒜，等到除夕夜便可启封，用“腊八蒜”和“腊八醋”就饺子，新年的第一餐就这样有滋有味地开始了。

一锅涮出天下香

中国人吃火锅的历史可以追溯到一万年前，如今陈列在博物馆里的“鼎”其实就是上古时代的火锅雏形。而真正意义上的“涮”食的火锅相传是由成吉思汗的子孙发明的。蒙古人好食羊肉，但行军打仗时煮熟大块的羊肉耗时太久，便将冻羊肉切成薄片，滚水里烫煮几下立刻捞出，撒上细盐食用，鲜嫩味美，方便快捷。这便是最初的涮羊肉了。

火锅食材丰富多样，符合荤素互补、营养搭配的要求。

传统炭火铜锅。用这种铜锅涮出的牛、羊肉滋味最鲜美。

如今，涮羊肉仍是火锅家族中举足轻重的一员。北京的老字号“东来顺”用传统的炭火铜锅涮食精选的草原羊肉，声名已逾百年。羊肉片切得薄如蝉翼，厚度不足1毫米，入锅后一涮即熟，久涮不老，肥而不腻，瘦而不柴。传统涮羊肉锅中多为清汤，调料便相对丰富，一小碗调料的配料就有芝麻酱、酱油、米醋、绍酒、辣椒油、虾油、酱豆腐、韭菜花、糖蒜、香菜、葱花等十余种之多。

与北方涮羊肉遥相呼应的当属重庆一带的麻辣火锅。重庆火锅离不开一个“辣”字，锅中火红，麻辣鲜香。重庆火锅走出重庆后，不善吃辣的食客也为之心动，于是形似太极图案的“鸳鸯锅”便应运而生，清汤和辣油各居一处，由食客自由选择。

除了这一北一南两个火锅“策源地”，如今火锅几乎“火”遍各地。锅底可能是清汤、麻辣、三鲜、酸辣甚至款款滋补靓汤；菜品从飞禽到走兽到游鱼再到各色时蔬，无所不能入锅；蘸料也有麻酱、香油、辣椒、葱、蒜、醋等众多成员。火锅几乎集合了食物的无限组合和味觉的无限可能。

吃火锅起初是冬令的暖身运动，但今天，即使炎炎夏日，吹着冷气，就着冰啤酒，吃着热气腾腾的火锅，也是许多人的挚爱。

说到吃火锅，便不得不提蜚声世界的中国餐具——瓷器和筷子。“东来顺”的羊肉片薄如轻纱，铺在青花瓷盘中，盘上的花纹仍清晰可见。青花瓷盘便成了鉴识羊肉的一杆标尺，也成了“东来顺”火锅文化的一部分。瓷盘、瓷碗不仅见于火锅文化，也是中国餐桌的当家食器。历经了选料、制坯、干燥、施釉、装烧等重重磨炼的瓷器，任何调料都无法腐蚀，任何油污都无法粘连，实在是食物最好的归宿。而筷子——两根细细的竹棍，上粗下细、上方下圆，各种食材都能轻松夹取，便捷、灵巧，是吃火锅不可或缺的良伴。

筷子如今已不仅仅是日常食器，还是贴心的礼品、精美的工艺品，甚至成了“奢侈品”。

北京老字号，大栅栏北京烤鸭店牌匾。

烤鸭：北京饮食的名片

在北京招待远方来客，主人几乎无一例外地会选择烤鸭。北京烤鸭，俨然成为北京饮食的名片。

品尝烤鸭，是味觉的狂欢，也是视觉的享受。片鸭子的过程，称得上是一场包含着精确计算和唯美艺术的表演。薄薄的刀刃飞快地游走于枣红色的鸭身，金黄透亮的鸭皮连同光洁如玉的鸭肉便一片片落入盘中。一只鸭子在80至100刀之间被分解完毕，片下的鸭肉在一斤二两（0.6千克）左右。剔尽了皮肉的鸭架子重又入厨，旺火熬成鸭汤，片刻之后便氤氲着乳白色的浓香呈在你面前。

吃烤鸭的方法不止一种，最常见的还是荷叶饼、甜面酱、葱丝和黄瓜条的组合。在饼上细细地铺好酱，依次放入鸭肉、葱丝和黄瓜条，然后轻柔而密实地打好“包裹”。这个小小的“包裹”裹住了中华饮食的全部要素：主食、肉类、蔬菜、配菜和佐料，营养结构竟然惊人地合理，更不用

上：挂炉烤鸭

下：片鸭子

顾客盈门的全聚德烤鸭店，创建于1864年。

提入口之后的鲜香甜美了。烤得酥脆的鸭皮还可蘸上细细的白糖单独食用，霸道的荤腥中溢出清凉的甜蜜，完全是匪夷所思的体验。

烤鸭分挂炉、焖炉两种烤法。“全聚德”的挂炉烤鸭驰名中外，“便宜坊”的焖炉烤鸭历史悠久。挂炉烤鸭不设炉门，用果木作燃料，旺火烤制，烤好的鸭子皮质酥脆，果木清香熏染其中；焖炉烤鸭不见明火，用秫秸燃烧后的余热烘烤而成，烤制过程中炉门紧闭，鸭肉丰腴。两种烤制方法各有千秋，鸭子却是一般地外酥里嫩，滋味是一般地甘美醇厚。

好吃不过饺子

中国人对饺子的感情几乎无法言喻。老百姓于是用最朴实的语言总结道——“好吃不过饺子”。

民间传说饺子的发明者是东汉（25—220）末年的“医圣”张仲景。张仲景某年寒冬回到家乡，见百姓的双耳被冻伤，便将羊肉、辣椒等热性的食物剁碎，用面皮包裹成耳朵的形状，煮熟后连汤带食分送给乡亲。伤者从冬至吃到除夕，冻耳便痊愈了。这种食品被老百姓称作“饺耳”，后来慢慢演变为“饺子”。

今天，在中国北方的大部分地区，饺子仍然是新春佳节必不可少的食品，而包饺子更是千家万户除夕夜的重头戏。一家人团团围坐，洗净双手，挽起袖子，谈笑之间，便把对来年的所有心愿都包进形似元宝的饺子里。有些家庭至今保

包好的饺子形似元宝

制作饺子的过程：和面→拌馅→擀面皮→包饺子。

留着古老的习俗，在包饺子时随机放入糖果、花生或硬币。据说吃到糖果的人来年的日子会甜甜蜜蜜；吃到花生的人可健康长寿；吃到硬币的人则会财源广进。

饺子的“内容”可以是各种肉类和各种蔬菜的配搭，但吃饺子的方法大同小异，醋是基本的蘸料。北方人春节吃饺子喜欢就上“腊八醋”和“腊八蒜”。饮酒之人还要在吃饺

生意红火的饺子馆。北方有冬至吃饺子的习俗，这一天饺子馆里往往食客爆满。

子时小酌一杯，所谓“饺子就酒，越喝越有”。

时至今日，饺子馅料的取材早已冲破了传统的藩篱，海味、山珍、鲜蔬、干菜皆有用武之地。做法有蒸、煮、煎、炸、烤，口味有咸、甜、麻、辣、酸，造型更是精巧可人，似蝴蝶、金鱼、鸳鸯、玉兔，叫人不忍下箸。

若要亲近中国食品，先来亲手包顿饺子吧。

“面面俱到”

面条并不是中国饮食的专利。在面条发明者的问题上，中国人和意大利人相持不下了多年。据说前不久在青海出土了4000年前的面条实物，似乎为这场争议画上了句号。其实面条是世界性的大众食品，许多民族都有独特的制作和烹饪方法，仅是中国面条的做法便何止千万。

北京炸酱面是北京人的“当家饭”。所谓“炸酱”是将肥瘦相间的猪肉丁与葱、姜、蒜下油锅煸炒，再调入黄酱制成。吃时要根据季节配以各种“菜码儿”。初春有豆芽菜，春深有香椿芽，初夏则有新蒜和扁豆。如今，北京的炸酱面馆还保留着“壮汉跑堂”的传统，店堂里清一色的男伙计，

老北京炸酱面

身着中式衣裤、千层底布鞋，一口京腔，一路吆喝。食客定要小心他们的高亢嗓门。

在人们通常的印象中，南方的面条是做不过北方的。但四川的担担面和湖北的热干面却独树一帜，赢得众多拥趸。担担面和四川所有美食一样以辣闻名。炒得酥香的肉末舀入煮好的手擀切面中，再用芝麻酱、辣椒油、花椒面、葱花、蒜末、川东菜、豌豆尖等制成汤头，浇在面条上，红红火火、热热辣辣。热干面用的是碱面，面条煮熟后拌油摊晾，吃时再入锅烫热，捞出沥水，拌入萝卜干、芝麻酱和各种调料，金黄油润，喷香筋道。

美味可口的面条是中国老百姓餐桌上常见的美食。

当然，把面条做得最精彩的还是西北人。岐山臊子面的面条要擀得薄如蝉翼，猪肉用辣椒面和陈醋烹透，豆腐、黄花、木耳等做配菜，讲究汤多面少，油多汤热，酸辣鲜香。西安油泼面的面条是宽面，煮熟后捞在碗中，放入葱花和肉丝，撒上厚厚一层辣椒面，舀一勺滚沸的花生油，“呲啦啦”泼在面碗中，顿时椒香四起。吃兰州牛肉拉面最好先看师傅拉面，面条在双手之间上下翻飞，一个面团可以拉出大宽、宽、韭叶、细、二细、毛细等各种宽度的面条，汤用牛肉、牛髓、牛肝、牛骨和十多种香料熬制而成，汤色清醇，诸味和谐。吃山西刀削面也是口福与眼福并重。削面师傅站在沸水锅前，左手持面团，右手持瓦片刀，手起刀落，三棱形的面条便如雪片般落入锅中。技艺高超的师傅甚至将面团置于头顶，削的时候双手并用、左右开弓，看得人眼花缭乱。

拉面

山西师傅表演削面绝活。

中国人讲究在生日那天要吃面条，取的是“长寿”之意。山西的“一根面”把这种对“长寿”的祝愿做到了极致，一碗面只有一根。这一根面粗细一致，据说长达20多米。所以，游山西，即使不过生日，长长的“一根面”是一定要尝尝的。

包子的魔术

关于比萨饼的起源，有一个幽默的说法——马可·波罗一趟中国之行后爱上了中国的馅饼，他的朋友中有一位那不勒斯的厨师，想为他还原馅饼的美味，却苦于不知如何将馅料放入面饼中，最终只得将馅料平铺在面饼上，做成的饼竟然十分美味，“pizza”就此诞生。

其实将馅料放入面饼中并不是神奇的魔术。那位那不勒斯的厨师倘若得知中国人还能将汤水灌入包子中，恐怕更要惊叹了。

新鲜出笼的汤包宛如一朵朵洁白的莲花。

灌汤包这种小吃，南北皆有，南方又叫作“汤包”，

蒸笼

包子是中国人喜爱的主食之一，用发面包裹上菜、肉等馅料，蒸制而成，品种繁多。

基本的特点都是面皮中既裹住了肉馅，也裹住了鲜汤，面皮晶莹剔透，汤水滴水不漏。西安有名动四方的“贾家灌汤包”，上海有日日排队的“南翔小笼包”。在天津，在河南开封，在江苏南京、扬州和靖江，灌汤包都是一方名产。

其实灌汤包中的“汤”并不是事后灌入包子中的，诀窍全在包子的馅料中。通常的做法是将猪皮切细，用文火煨入高汤中，冷却后凝固成皮冻，这便是灌汤包的秘密所在。皮冻入馅时是固体，遇热便化开成为浓汤。南方的汤包往往要在馅料中加入蟹黄，这一口汤有多鲜，你大可纵情想象。北方的贾家灌汤包是清真食品，猪皮冻的方法便不能用。这也难不倒同样钟情灌汤包的回族人——用牛羊骨头汤拌上黄牛肉馅，加热后汤汁又能从肉馅中溢出，同样是汤鲜味美。

一笼刚蒸成的灌汤包摆在面前，俯看下去，洁白如玉的面皮细细捏着30多道褶，仿佛盛放的白菊。用筷子轻轻夹住褶口，缓缓提起，鲜汤充盈其中，“菊花”变成了“灯笼”，透过吹弹可破的外皮，隐约可见汤汁在其中轻颤。但要对如此美妙的灌汤包“下口”，没有经验的食客

市民在享用热气腾腾的包子。

是要出洋相的，一不小心就烫到了自己，或者汁水四溅惊到了旁人。吃灌汤包先要轻轻咬开一个小口，缓缓吸出其中的汤汁。这一系列程序被总结为十二字要诀——“轻轻提，慢慢移，先开窗，后喝汤”。在上海的城隍庙，贴心的包子铺甚至为食客准备了吸管。于是，在这里我们可以看到无数虔诚的汤包爱好者，凝视着面前的一只汤包，口衔插入褶口的吸管，像孩子一样专注地吮吸，不一会，脸上便漾开了满足的笑意。

为晨食一“叹”

中国人常说，“一年之计在于春，一日之计在于晨。”一日三餐中的早餐，是人们从长夜中醒来后的第一餐，历来是受到重视的。

各地早餐的内容、形式都不尽相同，习俗更是相去甚远，但有一对搭档几乎是形影不离的——豆浆和油条。豆浆是中国人的传统大众食品，有甜咸之分。热乎乎的豆浆配上刚刚炸出锅的金灿灿的油条，既简单又美味。

豆腐脑几乎各地都有，一个“脑”字会意传神。洁白的豆腐脑细腻嫩滑，凝而不结，嫩而不散。北京豆腐脑的佐料有酱豆腐汁、卤虾油、韭菜花、芝麻酱、辣椒油等，卤汁用口蘑汤和肉片熬成。陕西乾县的豆腐脑中有姜、蒜泥、酱油、五香醋和油泼辣子，香辣可口。苏州豆腐脑要调入海米、紫菜、海带丝、榨菜片、鲜椒酱等十几种配料，最后还要撒入香葱、滴上麻油，光是看这调配的过程就是享受。馄饨是饺子的不规则袖珍版，薄皮细馅，汤味鲜浓，广东称其“云吞”，福建称其“扁食”，四川称其“抄手”，江西称其“清汤”，各地的早餐桌上都能见到它。

豆浆和油条是中国人最经典的早餐之一。

到街头买早点的妇女

豆汁用绿豆和浆水制成，色泽灰绿，味道酸涩，但地道的老北京人好这口，如果就着焦圈（一种油炸的面食，极酥脆）就更加有滋有味。老北京的早点还有炒肝。炒肝的主料是肥肠和猪肝，配料有黄酱、高汤、葱花、姜末、蒜泥等，用淀粉勾芡，汤汁浓稠透亮。北京的早晨，总能见到提着鸟笼寻觅豆汁焦圈的老人，总能见到吃着炒肝神侃国际局势的的哥。

卖煎饼的早点摊

煎饼果子是天津人对早餐的一项贡献。“果子”是北方人对油条的称呼。一勺绿豆面糊摊入平底炉，打上鸡蛋，推匀，撒上香葱，把成型的煎饼迅速翻个面，刷上甜酱和辣酱，撒上香菜和芝麻，放入“果子”，裹叠三两下，热乎乎交到食客手中，一天的好心情就此开始。

往南走，到长江之畔的扬州，早餐的节奏明显放慢。

广东点心精巧细致，烹制方法以蒸为主，保留了食材的原味。

一家人在古巷中寻一间茶社围坐开来，砌上一壶碧螺春，要上一盘大煮干丝（淮扬菜，豆腐丝同虾仁、鸡丝、笋丝等用鸡汤大火煮成），摆开七八笼精致点心，蒸饺甜鲜，菜包清香，荠菜烧卖晶莹翠绿，蟹黄汤包吹弹可破。点心蘸着姜醋，干丝就着香茗，谈古论今，雅致闲适。

再往南，到广东，早餐就成了热烈绵长的，集饮、食、情、兴为一体的休憩。广东人称早餐为“早茶”,饮茶又叫“叹茶”。“叹”是广东俗语，意为享受。广东人饮早茶的过程的确是重在享受的。早茶在清晨4时即开市，一直绵延到中午，始终人头攒动，假日还要排队候位。早茶绝不仅仅是茶，粥品、菜肴、蒸点、甜品一应俱全。粥有紫米粥、香米粥、皮蛋粥、鱼片粥，甜咸自愿；菜有凤爪、牛腩、排骨，小竹笼蒸透，只闻清香不见油腻；蒸点有剔透的虾饺；甜品有金黄的蛋挞。肠粉用米浆蒸成，裹以叉烧、牛肉、鱼片或虾仁，浇上酱油和豉汁，滋味无穷。糯米鸡用荷叶裹住，剥开荷叶，糯米的香甜和鸡肉的咸鲜扑面而来。面对这样的一桌美食，聚亲、会友、看报、聊天，甚至发呆，呷一口乌龙细细品来，怎能不“叹”？

西风响，蟹脚痒

中国有句俗谚叫作“西风响，蟹脚痒”，意思是每年秋风一起，螃蟹便可上得餐桌了。

食蟹不仅是季节性的，品种和产地也极其讲究。螃蟹有海蟹、河蟹之分，河蟹肉质细嫩，更为鲜美。大闸蟹是河蟹家族中的上品，其中又以苏州阳澄湖的大闸蟹为正宗。阳澄湖大闸蟹之所以格外肥美，据说是因为阳澄湖湖底的土质坚硬，蟹在湖底站立行走，久而久之，便练就了健硕的体魄和发达的“八肢”。除了个头大，阳澄湖大闸蟹还有一套独特的体貌特征——“青背、白肚、金脚、黄毛”——背壳泛着青色的光泽，肚腹洁白，脚爪和绒毛呈金黄色。如今，各地的大闸蟹在经过人工清洗之后几乎都可呈现出一派“青背、

阳澄湖水面浩阔、水质优越，养蟹的围栏布满全湖。

阳澄湖大闸蟹是中国人心目中的极品螃蟹，将大闸蟹送往市场或者烹饪之前要进行绑扎，最好用棉线。

白肚”的模样，但蟹脚上的金色绒毛却还是阳澄湖大闸蟹独一无二的骄傲的标签。

按照“雌九雄十”的说法，农历的九月和十月，也就是公历的10月和11月，分别是雌蟹和雄蟹成熟的时期。而雌雄蟹都是最佳食用季节的时段就更短，前后不过十天。食蟹的佳期可谓稍纵即逝。每到蟹季，阳澄湖大闸蟹便成群结队地“飞”往各大城市，以解爱蟹者的相思。

中国人对蟹的感情由来已久——吃蟹不仅为口腹之欲，也是一种闲情逸致，“品蟹”与“饮酒”“赏菊”“赋诗”是中国古代文人必不可少的金秋韵事。

滋味无穷的大闸蟹，做法却是极其地简单——滚水中放些紫苏叶，大火清蒸，至多20分钟，张牙舞爪的蟹便成了外壳金红、膏泽漫溢的盘中餐。食蟹既是雅事，也是一项浩大而精细的工程。如今的食客大多以双手和牙齿为武器，粉碎

香辣蟹色、香、味俱全。

大闸蟹的“盔甲”。这种吃法固然豪迈，但蟹肉难免会有损失。其实古人早已为吃蟹发明了专业工具——“蟹八件”。据说会用“蟹八件”的高手可以毫发无损地取出所有蟹肉，而吃剩的空壳拼凑起来，还是一只整蟹的模样。

螃蟹性寒凉，吃时须蘸着加了姜末的醋，既可添香又可驱寒。讲究的食客品蟹时还要就一杯陈年花雕，食毕再来一杯滚热的姜茶，暖胃又暖心。

吃在中国，味在四川

鲁、川、粤、闽、苏、浙、湘、徽，并称中国八大菜系。八大菜系各有千秋，不分高下，但若论影响之广、追随者之众，首推川菜。

川菜的当家调料有三椒——辣椒、胡椒、花椒。川菜的妙处远不止麻辣一味这么简单。所谓“五味调和百味香”，便是用“咸、甜、麻、辣、酸”五味调出麻辣、辛香、家常、咸鲜、鱼香、荔枝甚至怪味等各种味型，变化多端、无穷无尽。有人统计，川菜的传统味型共有23种。近年来博采众长的新派川菜，味型达到了40多种。除了“味广”，川菜还讲究“味浓”。四川人对味道的追逐和膜拜几乎达到了极限，仿佛非猛料厚味不能对得起自己的味蕾。和崇尚原汁原味的粤菜相比，川菜的方针几乎是，必让你吃不出原料的原味才罢休。无论是哪种味型，决不给唇齿留下任何独自想象的空间，只能听由浓烈的滋味在身心中呼啸而过。

川菜家族中贤能辈出，一千个食客就有一千个川菜经典。当然，还是有些不得不说的经典中的经典，比如回锅肉和麻婆豆腐。回锅肉的样貌毫不惊人，先煮后炒，看似朴拙，实则对火候的要求却深藏不露，须得拿捏精准。久居外乡的四川人回到家乡，往往点出的第一道菜就是回锅肉。麻婆豆腐的名字来源于它的缔造者——“陈麻婆”脸上的麻

红红火火的辣椒

痕。细嫩的豆腐和香酥的牛肉末在辣椒和鲜汤的环绕中慢慢煨香。樟茶鸭以樟木屑和红茶叶作为熏料，清香幽远，完全没有了烟火气，曾被周恩来总理用来款待卓别林。宫保鸡丁出自清朝的官宦之家，鱼香肉丝是无人不晓的“草根名菜”，都是川菜中“五味调和”的典范。最后还有一位后起之秀——水煮鱼。水煮鱼的风行，也就是五年之内的事情，速度快得惊人。火红的辣椒和雪白的鱼片迅速席卷了以北京为首的各地人群，挑战着人们对食器容积的认识、对油脂

晾晒红辣椒的农家小院

用量的戒备、对大面积辣椒的终极想象和对麻辣口味的至高要求。

川菜的神奇还在于它旺盛的生命力和强烈的感染力。从街边随处可见的“成都小吃”，到写字楼里会意大于品食的“俏江南”，川菜可以很简单，也可以很繁复；可以很传统，也可以很时尚。在北京，川菜馆几乎永远高朋满座。名号响亮一点的，大堂里便永远有人在等座。看着食客们翘首以盼、兴致勃勃的神情，我们不得不承认——吃在中国，味在四川。

川菜经典——回锅肉、宫保鸡丁。

过桥去食云南怪

彩云之南，四季如春，四时花开。“云南十八怪”是好事者为云南风物所画的素描，其中第十七怪是“过桥米线人人爱”。这绝不是夸大其词——只要你亲自尝上一碗过桥米线，它有多么值得爱，立刻不言自明。

和中国几乎所有的地方小吃一样，过桥米线也有它动人的故事。传说在云南的蒙自城外有个南湖。湖心小岛上茂林修竹，是个静心读书的好地方。清代一位杨秀才每日在岛上苦读诗书，他的妻子便每日经由一座通往湖心岛的石桥为他送去爱吃的米线。因为路途遥远，米线送到秀才手中时常常已经凉了。一日，妻子为秀才熬了一罐鸡汤，送到湖心时竟依然灼热烫手。细看之下，原来是汤面的一层浮油起到了天

过桥米线是用米线和鸡汤为主料，加入各式配菜制作而成，这一云南风味小吃如今已经风靡全国。

然的保温作用。妻子受到启发，从此后常常熬制这种鸡汤，带上米线和切好的肉片、蔬菜，在走上石桥时才将所有原料投入鸡汤烫熟。等这一碗鸡汤米线送到秀才手中时，刚好食用。秀才最终考取了功名。但比功名更让人传颂的，却是这一碗“过桥米线”。

烫好的过桥米线，碗中色彩分明、味道鲜美，让人百吃不厌。

现在的过桥米线，汤、料、吃法都更加讲究。汤用鸡、鸭、猪骨熬成，清澈透亮，汤味醇厚又不夺食材的原香。荤料有鸡脯、乌鱼、鱿鱼、猪脊、猪肝、猪腰、云腿等，片得薄如蝉翼。素料有菠菜、豌豆尖、黄芽韭、豆腐皮、玉兰片等，样样鲜嫩。高深的瓷碗中放入胡椒粉和熟鸡油，舀入滚汤，油层上浮，罩住汤面，看似波澜不惊，实则水深火热。往汤中依次加入荤料、素料和米线，一一烫熟，便可大快朵颐了。讲究的食客在加入米线时也要“过桥”，将米线碗移近汤碗，用米线在两碗之间搭一座“桥”，连绵不断地送入汤中。相比之下，将米线囫囵倒进汤里的做法实在是辜负了“过桥”二字的神韵。

羊肉泡馍：黄土高原的精气神

古都西安，古拙而粗放。兵马俑记录的是两千年前的咸阳；华清池讲述的是一千年前的长安。要结识真实的今日西安，要领悟西安人群、西安生活、西安的魂魄、西安的精气神，还得在一碗羊肉泡馍里。

入得泡馍馆中，捧上有“天下第一碗”之称的白瓷大碗——碗口阔大得足可以让整张脸埋入其中——领上两个托托馍，先在慢悠悠掰馍和热腾腾喝汤的食客中间缭绕几圈，及至等到空位，入座，味蕾早已被笑盈盈汗涔涔的其他食客撩拨得蠢蠢欲动。

吃羊肉泡馍得亲自动手掰馍。托托馍用九成的面粉和

陕北黄土高原风光

一成的酵面制成馍胚烘烤而成，酥脆甘香。掰馍讲究要掰成蜜蜂头大小，如此才能在煮制时达到五味入馍、筋道绵滑的境地。

羊肉泡馍料重汤浓，营养丰富。

掰好的馍送入后厨，配菜师傅动作麻利地切上几片早已煮好的肥瘦相间的羊肉，配好粉条、豆干、木耳、蒜苗等，撒上葱花和香菜，传寄到煮馍的灶台，交给掌勺的灶头。所谓的“泡馍”实际是煮出来的。灶头从锅内舀一勺老汤，注入炒瓢内，烧滚后入料，旺火翻煮，片刻即成。老汤用羊肉、羊骨加香料熬煮而成，肉酥烂而汤浓稠，肉捞出备用，汤留待煮馍。在煮馍的炒瓢内，汤和肉再度相逢，五味迸

“锅盔”是西北特有的一种大饼。

发，都留存在了浓香四溢、既韧且黏的馍中。

吃羊肉泡馍时，配上辣椒、香菜和糖蒜，从碗边一点点“蚕食”，汤味不泄，鲜香持久。不一会便周身热透，额头沁出汗珠。吃完再来一碗原汁高汤，一定会心满意足、神清气爽。

看西安人喝汤，看西安人掰馍，既是心急火燎的，也是慵懒闲散的，这一紧一慢、一急一缓，透露了黄土高原的独特生活气质。

一见如故的东北菜

东北大地，民风粗犷，汉子豪放，姑娘泼辣。隆冬时节，呵气也能成冰。但游东北还得在冬天，品东北美食还得在冬天。揣上一瓶上等“小烧”，“咯吱咯吱”踩着积雪来到东北农家，主人家定会招呼你上炕暖脚。烤着火盆拉上两句家常，喷香的东北菜肴便摆满了炕桌。

东北大拉皮通常是东北大餐的头盘。拉皮是用土豆淀粉制成的粉皮，晶莹透亮，既滑且韧。将粉皮切成宽条，放上黄瓜丝、胡萝卜丝、肉丝，撒上香菜，拌上蒜泥，便可五彩缤纷地上桌了。

主菜不出意外应该是炖成的。东北人爱“炖”，尤其爱“乱炖”。所谓“乱炖”便是不拘什么材料，一股脑放入锅中同炖。代表作是东北农家的杀猪菜。年关杀一头猪，猪血灌成血肠，猪肉切成大块，同猪骨、猪下水、酸菜、粉条、冻豆腐等，热热闹闹炖成一锅，招呼左邻右舍围坐分食，蔚为壮观。今天的东北名菜“猪肉炖粉条”是杀猪菜的精巧改良大众版，煮好的五花肉切片，粉条泡软，酸菜切成细丝，用猪骨头汤炖

冰天雪地的东北乡村

东北农家的火炕暖意融融。

上，越炖越香。

另一道著名的东北炖品是小鸡炖蘑菇。这道菜是东北的丈母娘用来款待新姑爷的，自然比老丈人埋头就酒的猪肉炖粉条要精致秀气。小鸡是吃五谷杂粮的“笨鸡”，蘑菇是长白山上的榛蘑，小小的伞盖，长长的伞柄，有山野的清香，新姑爷还没吃上便早已醉了。

汤汤水水的炖菜下肚，手脚便已暖透。此时便可双手并用，捧上一根酱棒骨，敲骨吸髓。再来一道“地三鲜”，尝尝东北黑土地上长的土豆、辣椒和茄子，土豆绵、辣椒脆、茄子回味绵长。

品完了东北菜，还应尝尝农家饭。东北盛产玉米，玉米制成的点心有十余种之多。来一碗香甜的棒渣粥，吃上些贴饼子或是窝窝头，这一餐才算完满。

在东北老乡家，除了用餐要放开肚量，饮酒也不能推三阻四。东北人酒量好、酒气豪，酒到杯干才是硬道理。热情豪爽的东北人，就像实实在在的东北菜，虽不华丽却真诚，可以一见如故，可以相交一生。

汤汤水水的幸福生活

在喝汤的问题上，世界各国是有共识的：法国人喝洋葱汤；美国人喝鸡面汤；德国人喝啤酒汤；英国人喝咖喱汤；俄罗斯人喝罗宋汤。中国人也钟爱喝汤。汤在中国，不仅仅是一杯餐前的开胃酒，更是“家”的符号和亲情传递的通道。餐桌上有了一盅老火靓汤，便有了家的味道；深夜归家的一碗甜汤，便能消解一天的烦恼。汤，是润泽中国生活的甘霖。

中国的汤有清汤、高汤、浓汤、羹汤、甜汤等，清汤用时短，高汤稍长，浓汤最长，羹汤须勾芡，甜汤则不用荤腥。其中，高汤可入菜，甜汤常作宵夜，清汤、浓汤、羹汤则是佐餐的良伴。餐桌上最常见的汤有鸡汤、鱼汤、骨头汤。鸡汤可御风寒，鱼汤可治哮喘，骨头汤可补钙质，都是

民间瓦罐煨汤用一种特制的大瓦缸，以传统配方精心煨制而成。

鸡汤滋味鲜美，营养丰富。

中国人深信不疑的“喝汤之道”。做汤的原料不拘肉、蔬、豆、果，甚至神农百草。做汤的器皿最好是砂锅，砂锅由陶泥、细砂烧制而成，是所有食器中传热最缓慢、受热最均匀、保温最充分、恒温最持久的一员，它的热度温文尔雅、细水长流，不仅熬煮出汤水的醉人滋味，也最大限度地保留了食材的营养价值。做汤的方法几乎一律是小火慢炖。中国人是不赞赏极端、尖锐或猛烈的。汤的这种不温不火、不紧不慢的做派，也正是平和中正的中国作风。

汤的滋味分南北，大抵来说，北方的汤重色、香、味，南方的汤重意、形、养。在河南，人们见面不问“吃了吗？”而问“喝汤了没？”洛阳人一日三餐，有两餐都称作“喝汤”。“早上豆腐汤，晚上丸子汤”是老洛阳人的俗谚。洛阳的“水席”更是与洛阳牡丹、龙门石窟并称“洛阳三绝”。洛阳水席已有千余年的历史，洛阳民间红白大事都要以水席待客。水席之所以得名，一是因为上菜的流程似行云流水，二是因为每道菜都有汤有水。水席的最后一道菜是蛋花汤，当地人戏称其为“滚蛋汤”，因为上了这道汤，便意味着菜已上齐，筵席将散。这个习俗在许多地区都有，汤是一桌饭菜的大压轴。上汤是无言的仪式，也是温暖的句号。

南方的汤以广东为首。广东人一日无汤，便如山西人一日不吃酸、四川人一日不吃辣一样，周身不自在。广东人爱喝汤也会煲汤。他们煲汤的原料往往要在中药铺里采买，如健胃和中的砂仁、补血益气的当归、渗湿安神的茯苓、化痰止咳的南北杏、清热润肺的霸王花、滋润养颜的海底椰。广东的汤多是浓汤，汤的主料一般来说是肉类，肉性也须区分，如羊肉性热，鸡肉性温，鸭肉性凉。而主料和配料的搭配又要本着阴阳调和、四时生发的原则，还要根据各人的体质来调节：内火旺盛的人不宜食参，体质寒凉的人便不必再用绿豆。许多北方人认为，汤的鲜香离不开香料，于是葱、姜、花椒、大料、味精、料酒毫不吝惜地投入锅中。其实广东人煲汤，一片姜足矣，喝的就是原汁原味。在广东，汤不是一餐的终了，而是起点。广东人习惯饭前喝汤，否则便食不下咽。在粤港一带，女人最可骄傲、男人最易惦念的便是一锅老火靓汤的浓香，所以女孩子们相信，学好煲汤的手艺，才会有幸福的家庭。

滋补炖品深受人们的青睐。

满汉全席：大肚能容者大战三日

世界上可能再也没有一个地方像中国这样，有着如此众多的美味佳肴。“民以食为天”，这种对饮食的讲求做到了极致，便是中华美食的集大成之作——满汉全席。

满汉全席——顾名思义，便是满族与汉族经典菜式的集合。它诞生于清代（1644—1911），原本是指满人和汉人同席而坐的官场筵席。满汉全席听起来像是北方游牧民族进入中原的产物，实则是起源于江南的官场菜。据说满汉全席最初是扬州地方官员专为宴请朝廷大员而设，藉着人杰地灵的扬州风物和见多识广的扬州厨师，规模越做越大。后来乾隆皇帝六下江南，扬州官绅用满汉全席接驾，从此满汉全席声名远播，各地纷纷效仿，并逐渐形成了固定的菜式和礼仪。

试想地方最高长官宴请皇帝或朝廷钦差大臣，入席时大小官员一律身着官服、顶戴朝珠，那是何等地隆重和奢华？满汉全席菜式的丰盛精细、礼节的庄严繁复便可想而知了。

满汉全席最能体现中国饮食文化的博大精深。

古色古香的就餐环境

筵席的场面、规模，陪宴人员的职位、人数，菜品的种类、数量都有严格的规定，鸣炮、奏乐、焚香、迎送等礼仪不厌其精，各式菜肴、汤羹、点心、水果等至少有108样，一般分三天才能吃完。

说满汉全席是中华饮食的百科全书，一点也不为过。洋洋洒洒一百多道菜品中，既有宫廷肴馔，也有各地风味；既有民族色彩，也有节令特点。冷热荤素、酸辣咸甜、煎炒烹炸、飞禽走兽、山珍海味，无所不包。用三天的时间通读这部“百科全书”，听起来虽则有些猛武，但味蕾倘若能说话，想必一定是叫好的。

为了还原满汉全席的原貌，北京的御膳饭店曾往全国各地查访、考证，重新编制了满汉全席的食单，共有冷食、热食196种，点心、茶食124种，分为“亲藩宴”“廷臣宴”“万寿宴”“千叟宴”“九白宴”和“节令宴”，和当年一样，须分三天六顿才能吃完。末代皇帝溥仪的弟弟溥杰品尝后曾亲笔题字“正宗御膳”。如果你有决心和实力打下这个中国饮食的集中攻坚战，如果你自信大肚能容，便来此大战三日吧！

茶 香 雅 趣

小茶馆的大镜像

老舍先生的《茶馆》是中国话剧史上的经典。小小的裕泰茶馆就是一方社会变迁的舞台，就是一幅众生百态的画卷。《茶馆》的成功不仅在于故事，还在于茶馆这个特殊的载体——因为茶馆的确就是这样一个神奇的所在。

茶馆自古以来就是人们共同的生活空间。无论高低贵贱，茶馆的门向每一个匆匆路过或悠悠踱来的人敞开。入得茶馆，绝不只是饮茶这么简单，可能是一场风雅、一次消遣、一种交游、一席论辩、一笔买卖，或者一个江湖。士、农、工、商，皆能找到他们的角落，儒、释、道，皆能投射他们的映象。茶馆是

北京前门的老舍茶馆

茶馆是中国茶文化和中国人休闲生活的生动缩影。

最市井也最清雅的地方，是最繁忙也最闲适的所在。古人说："小隐在山林，大隐在市朝。"茶馆便是这样的"大隐"之道。

老北京的"清茶馆"多是以茶为主题。从清晨遛早的老人到黄昏收工的商贩，人来人往，络绎不绝，带着各式的鸟笼，带着各处的见闻，带着茶经、生意经、家家那本难念的经，在茶馆里集散。除了"清茶馆"，还有讲演评书的"书茶馆"、票友云集的"戏茶馆"、以棋论道的"棋茶馆"等。"野茶馆"是旧时皇家郊游的产物，茅屋竹篱、粗茶大碗，一派返璞归真的野趣。如今，北京的"老舍茶馆"已经成为集茶道、茶宴、戏曲、曲艺、魔术、杂技、宫廷细点、风味小吃为一体的"大茶馆"。

四川成都是中国“懒人生活”的策源地。中国近代爱国民主人士黄炎培先生当年造访成都，曾写下两句打油诗：“一个人无事大街数石板，两个人进茶铺从早坐到晚。”在茶馆中从早坐到晚，对成都人来说毫不稀奇。闲聊被成都人称为“摆龙门阵”，茶馆中的龙门阵可以从天文摆到地理、从国是摆到家事，古往今来、家长里短，无所不包。文人可在此吟诗作画，票友可在此听戏唱曲。可请剃头师傅剃头，可让修脚师傅修脚，可沽小贩的吃食，可唤相士来算命。灶上的热水日夜不停，茶客甚至可以连早起洗脸、睡前洗脚都在这里完成。偶有急事，起身将茶碗往桌中间一推，告诉堂倌“留着”，回来以后，那碗茶还接着喝。

此外，在扬州的茶社里听筝曲；在苏州的茶楼里听评弹；在杭州品茶赏美景；在广州“叹茶”配点心……中国的茶文化有多么博大精深，各地的茶馆文化就有多么别开生面。

老茶馆里的老茶客，一杯清茶，侃侃而谈。

茶艺表演

茶馆是现代都市的重要休闲场所，装饰考究、讲究文化氛围。

从来佳茗似佳人

中国人的开门七件事是“柴、米、油、盐、酱、醋、茶”。前六件大抵都与食有关，“民以食为天”，不足为奇。而食之外最重要的一样便是“茶”，由此可见茶在中国人的生活中的重要地位。饮茶不仅为解渴，不仅为提神醒脑、解腥去腻、消食化积，更是一种根深蒂固的生活方式。中国有包括台湾在内的16个省产茶，根据制茶方法的不同，分为绿茶、红茶、乌龙茶、白茶、黄茶和黑茶六大类，每一类茶中都有传世佳品，如绿茶中的龙井、红茶中的祁红、乌龙茶中的铁观音、白茶中的白毫银针、黄茶中的君山银针、黑茶中的普洱。其中，绿茶历史最久、产量最大、品饮者最众，也最为爱茶者所津津乐道。

西湖龙井家在杭州西湖。西湖边的狮峰、龙井、云栖、虎跑、天竺、灵隐等地，层峦叠嶂，古木参天，云雾缭绕，翠竹婆娑，气候终年温润。龙井茶树就在这湖光山色中生息，常年葱郁。龙井茶树的茶芽从春到秋不断萌发，一年之

得天独厚的自然环境往往会出产难得的茶叶珍品。

左：龙井新芽上布满了细密的茸毛。

右：炒茶是手上的功夫。

中可采摘30批之多，以清明（4月5日或6日）前采摘的茶叶最佳，称“明前茶”；谷雨（4月20日或21日）前的次之，称“雨前茶”。炒一斤极品“明前”，需数万个细嫩芽叶。茶乡有“女采茶，男炒茶”的俗语。心灵手巧的女子采下嫩芽，便要由身强力壮的男子来炒茶。炒茶的功夫全在一双手上，炒制的手法竟有十种之多。要炒出色、香、味、形俱佳的龙井茶，不仅需要技艺，也需要炒茶人的心意。品质上乘的西湖龙井都是手工炒制的。龙井茶汤清亮，香气清新持久，呷一口，齿颊留香，神清气爽。

碧螺春以形美、色艳、香浓、味醇“四绝”闻名于世，产于江苏吴县太湖之滨的洞庭山上。洞庭东西二山，山水清嘉，终年水汽丰沛。茶树与桃、李、杏、梅等果树间作，果香沁入茶香，茶叶自然具有一种天然的雅味。采摘碧螺春从春分（3月21日或20日）前后持续到谷雨前后，通常采初展的一芽一叶。历史上曾有1斤干茶用9万个芽头的记录，可见

位于西湖以西的龙井，“龙井茶”由此得名。

采摘新茶的茶农

茶叶的幼嫩。炒茶时讲究手不离茶，茶不离锅、揉中带炒，炒中有揉，炒好的碧螺春条索纤密、卷曲成螺、身披茸毫。冲泡时可先注水后放茶叶。碧螺春茶叶投入水中立即沉底，旋即白毫崭露，绿染杯底，清香袭人。“碧”极言其色；“螺”极言其形；“春”则极言其香、其味、其意，正如早春江南，春色怡人、春风沉醉。

黄山毛峰和庐山云雾都出自名山。黄山以“奇松、怪石、云海、温泉”四绝闻名天下；庐山有“春山如梦、夏山如滴、秋山如醉、冬山如玉”的美誉。两山之上，终年云山雾罩，茶树在茫茫云海中长成，饱受浸润，无寒暑之侵袭，得天地之灵气。黄山毛峰状如雀舌、香若白兰，庐山云雾条索秀丽、香浓味甘，冲泡后同样地雾气凝顶，香气清高而悠长。

名山未必都出好茶，好茶却往往皆出在名山。六安瓜片和信阳毛尖，同样出自绵延270公里的大别山脉。六安瓜片全由嫩叶制成，不带芽和茎，叶片平展，形若瓜子，由此

新采摘的武夷山茶叶

得名。六安瓜片的炒制要先经高温的“生锅”再入温度稍低的“熟锅”，两锅倾斜并列，饶有趣味。不同于苏杭地区炒茶全凭一双手，大别山中炒茶常用到竹丝帚或芦花帚，翻、揉、挑、抖，如长袖善舞。信阳毛尖条索紧实有锋芒，白毫毕露。汤色清亮微黄，香气清馥。信阳毛尖每年4月中下旬开采。传说古时采摘上品信阳毛尖，须得十五六岁的妙龄女子，沐浴更衣，以口衔下茶芽，置于胸前香囊中。品此茶，便是品信阳女子的兰心惠质。

我们早已熟知苏东坡“欲把西湖比西子”的名句，却不知他还有一句用美人所作的比拟——“从来佳茗似佳人”。好茶便如美人一样，雅韵天成，气度清芬。

茶香里春天的芬芳

茶虽是日常饮品，却有自己的风骨。北方人爱喝馥郁的花茶；江南人爱喝清香的绿茶；西南诸省出产醇和的普洱茶；东南沿海盛行涩重的乌龙茶。有人说，绿茶代表了江南的文人气，清涩淡远；红茶具闺秀气，宁静安闲；乌龙茶象征着长者的智慧，醇厚圆润；花茶则热闹如市井，浓郁又直接。所以，品茶如同品人，一个人爱喝的茶，往往透露出他的地域、性情、品位和心境。

饮茶不仅有地域特色，在一天之中也分时辰。如果说绿茶是上午10点提神的良方，那么红茶则是午后3点最恰当的选择。慵懒的身心在红茶暖暖的香味中轻轻舒展。

红茶历经发酵，茶叶和茶汤都是深深浅浅的红色，性暖，香浓，味甘醇。中国最早的红茶诞生在16世纪的福建，长在茶的福地——武夷山中，叫作“小种红茶”。其中又以

色泽鲜亮的茶汤

制茶工人正在筛拣红茶。

武夷山脉北段的“正山小种”为正宗。小种红茶讲究“松烟香，桂圆汤”。18世纪中叶，小种红茶衍生出“工夫红茶”，迅速在各地落地生根，并且远销海外。工夫红茶的制法传至印度、斯里兰卡等国，又产生了“红碎茶”。红碎茶茶叶细碎，茶汤鲜浓，可加糖加奶进行调和，更符合西方的口味和习惯，也很适合做袋泡茶的原料。

许多人对红茶的认识，来自英国下午茶，殊不知典雅的英伦茶文化正是从中国的福建扬帆出海的。当英国绅士在薄雾弥漫的午后往银质的红茶杯中投放牛奶和砂糖时，中国人还坚守着千年的传统，用不盈一握的紫砂小盏细细品着工夫红茶。工夫红茶的“工夫”二字，既是制茶的工夫，也是品茶的工夫。茶叶的制作要历经萎凋、揉捻、发酵、干

袋泡红茶饮用起来非常方便，很受上班族的欢迎。

燥，自然是需要工夫的；品茶也须细品慢饮、浅斟低吟，先观其色，后闻其香，再品其味。工夫红茶种类众多，福建有闽红工夫，四川有川红工夫，江西有宁红工夫，广东有粤红工夫。最负盛名的当属云南的“滇红”和安徽的“祁红”。滇红工夫醇厚、浓郁、圆润，极品滇红的茶汤上常浮一轮金圈。祁红位列十大名茶，须清饮方能得其清新、清甜、清芬和清韵。上好祁红常带兰花香和玫瑰花香，西人又称其“祁门香”。英国人尤爱祁红，他们说：“在中国的茶香里，发现了春天的芬芳。”

可以喝的古董

名动天下的普洱茶，竟来源于一个美丽的错误。第一饼红褐香醇的普洱茶饼，竟诞生于颠簸的马背上、悠长的马铃声中。相传在乾隆朝（1736—1796），云南普洱府年年贡茶。某年气候异常潮湿，但进贡时日在即，茶叶未及风干便起运。从云南到京城两三个月的路程，茶饼便在马背上自然发酵，用它沏成的红亮的茶汤深得乾隆帝欢心，遂赐名“普洱茶”。

茶马古道上，经年累月踏出的深深的马蹄窝。

普洱茶除了圆盘状的饼茶，还有碗状的沱茶、方形的砖茶、条形的千两茶、半瓜形的金瓜贡茶等。将茶叶压制成形大抵是为了方便运输，散茶则是为当地人准备的。普洱茶可依形而分，也可依制法分为熟茶和生茶。通过泼水和保温使茶叶在湿热作用下迅速发酵，是为熟茶。生茶性寒凉、味霸道，须在干仓中久存，经年月的浸润自然陈化、逐渐转熟。上佳普洱的生命长达数十年甚至近百年，在悠悠的岁月里氤氲成清新的樟香、甜美的荷香甚至馥郁的兰香。存一饼干仓普洱，便是参与了普洱的生命历程。正如阅读是对书的再创作一样，收藏是对普洱的再塑造。这种典藏性使得普洱与红酒之间产生了神奇的默契：普洱和红酒一样讲究出身和年份，注重贮存的方式，有着接近酒红色的茶汤，有着可以用“甘冽”来形容的口感，甚至和红酒一样挂杯。普洱是东方的“可以喝的古董”。

论及普洱，就不能不提茶马古道。它蜿蜒在中国西南的横断山脉中，带着普洱茶游历天下。北路经昆明中转内地各省，贡茶经此快运入京；西北路经大理、丽江、中甸入西藏，再由拉萨转尼泊尔、印度等国；南路分为三线，东抵越南，南至老挝，西南达缅甸、泰国。往来不绝的马帮，传递的又何止是一饼饼风干的普洱，还有神秘的风光、传奇的命运、虔诚的信仰和惊心动魄的历史。

上佳的普洱茶饼条索清晰，香气纯正。

茉莉花开茶香来

花茶，顾名思义，便是以花入茶。但花茶中只闻花香，不见花形，有别于时下风尚女子们用干花沏成的养颜汤。花茶是对茶的再加工，以吐香的鲜花为原料，对制好的茶胚进行窨制，使花香入茶香，既有茶之鲜爽，亦有花之馥郁，又称“熏花茶”“香花茶”或“香片”。

花茶的茶胚以绿茶居多，也有红茶和乌龙茶。绿茶中又以烘青绿茶最宜窨花。窨制花茶的香花种类繁多，茉莉居首，其次有白兰、珠兰、玫瑰、桂花等。白兰花茶浓醇，珠兰花茶隽永，玫瑰花茶香甜，桂花花茶清雅。其中玫瑰可窨红茶，桂花可窨乌龙，一个是两红相遇，一个是浓淡相宜，巧思之下必有奇味。

清雅的茉莉花

精致的盖碗中亦传达出品茶人的高雅情趣。

茉莉花茶是花茶中当之无愧的“花魁”。茉莉高洁清幽、香气袭人，暑天盛放、夜间吐香。茉莉花季，采摘大量含苞欲放的茉莉花，待夜色降临，花半开、浓香吐露时掺入茶胚，此为“窨”；花香吐尽、花凋萎后将花取出，此为“提”。窨制时往往分批加入鲜花，花香层层渗透，最后“提”花。寻常茉莉花茶一窨一提、两窨一提或三窨一提；特种茉莉花茶则四窨一提、五窨一提甚至六窨一提。

茉莉花茶在闽、粤、苏、浙、川等地皆有出产，以闽产茉莉花茶最负盛名。福建的茉莉花茶，除了采用烘青茶胚，还以龙井、碧螺春、银针、毛峰等窨花，名品辈出。著名的福建茉莉大白毫以福鼎大白茶的早春嫩芽制胚，以单瓣和双瓣茉莉交叉窨制，历经七窨一提而成。苏州出产的茉莉花茶也享有美誉。虎丘一带，茉莉遍地。倘若在夏夜到访苏州，听到了姑苏城外的夜半钟声，别忘了此时茉莉正吐香，花魂入了茶韵，真是有品不够的清雅芬芳。

茶中的花样年华

金秋时节，菊花盛放。持蟹赏菊是人生乐事，殊不知菊花可赏，还可饮，秋季也是茶人采摘菊花制茶的时节。《本草纲目》对菊花的记载是：性甘、味寒，具有散风热、平肝明目之功效。这里的“菊花”当然不是千丝万缕、婆娑曼妙的观赏菊，而是可入药亦可入茶的白菊。

菊花纤秀洁白，有淡香沁人心脾，冲泡后清香甘爽、微苦，春可去湿，夏可解暑，秋可清火，冬可润燥。中国人相信，常饮菊花茶，可清心明目、益气养颜、和胃健脾、延年益寿。

每年10月底，浙江桐乡的杭白菊，安徽黄山之巅的黄山贡菊、亳州的亳菊、滁州的滁菊，四川中江的川菊，浙江德清的德菊一一盛放，其中又以杭白菊和黄山贡菊最为爱菊者

菊花在中国传统文化中象征着高洁的品格和清雅的风骨。

菊花茶有着独特的药用价值。

津津乐道。黄山贡菊长于黄山云海之中，得天地、山水、云雾之灵气，弥足珍贵。杭白菊生于江南鱼米蚕桑之乡，是传统出口中药材“浙八味”之一，每年可采摘五次左右。早采的特级杭白菊匀齐饱满，汤味甘醇，是难得的珍品。

饮菊花茶，最好用玻璃茶具，因为菊花不仅爽口润喉，还赏心悦目。沸水中，本已风干的菊花仿佛从沉睡中醒来，舒展身姿、娉婷起舞，一点点又绽放出生命的光辉。汤色渐渐呈现浅黄色，清澈鲜亮。水中的菊花花瓣玉白，花蕊鲜黄，浮浮沉沉，美不胜收。菊花还可与茶叶、桑叶、山楂等同饮，清热降压、化瘀消滞，茶中亦有药道。

中国传统花草茶，除了人们熟知的菊花外，几乎百花齐放，无所不能入茶道。玫瑰理气和血，水仙乌发润肤，金盏养肝明目，玉兰强心安神，薄荷消胀去滞，洛神祛斑养颜。此

外，金银花解毒，胖大海清热，绞股蓝降压，罗汉果消炎，不仅是日常饮品，也早已入了中药的方剂。女儿家爱饮花草，不仅为杯中的馥郁，更为茶中的药理——以花为饮，做个花样美人，品出花样年华。

市场上可购买到各式花草茶。

清水茶香紫砂壶

中国人成事，讲究“天时、地利、人和”。品一杯好茶，也须“茶好、水好、器好”。上佳的茶叶自不必说，煎茶的水也大有讲究，如龙井茶叶须用虎跑泉水冲泡，才是相得益彰的绝配。有了好茶和好水，还需一把好壶，方能不辜负茶的清香和水的明澈。

江苏宜兴，古名“阳羡”，地处太湖西岸。古人云：“人间珠玉安足取，岂如阳羡溪头一丸土。”这一丸比珠玉还要珍贵的土便是紫砂泥。用紫砂泥烧制的紫砂壶，历来是爱茶之人的必备藏品。

紫砂不似玻璃般晶莹剔透，不似瓷器般光洁细腻，而是古雅朴拙，含而不露，暗合了中国文人的修身之道。集造型、诗词、书法、绘画、篆刻、雕塑等为一体的紫砂艺术，体现着中国文人的综合质素。历代文人爱紫砂，更爱将腹中文采、胸中意兴都寄于小小的紫砂壶中。紫砂壶被多情的中

好的紫砂茶具能够较长时间地保持茶叶的色、香、味。

造型各异的紫砂壶

国文人誉为“温润如君子，豪迈如丈夫，风流如词客，丽娴如佳人，葆光如隐士，潇洒如少年，飘逸如仙子，廉洁如高士”。

对紫砂壶的品评，须用“泥、形、工、款、功”五个字来考量。“泥”便是紫砂泥了。紫砂泥含铁量大，可塑性好，耐寒耐热，不夺茶香，能保茶之真味。“形”指造型。紫砂壶造型丰富，素有“方非一式，圆不一相”之说。或分为自然形、几何形、筋纹形和水平形；或分为高颈壶、矮颈壶和提梁壶；还可分为素面的“光货”和加堆塑装饰的“花货”。形的类别实则并无定论，优劣也应在赏壶之人的心中，能使人心生共鸣的便是好壶了。“工”指制壶的工艺。传统的制壶方法是手工捏作，先捏器身，然后挖足、开面，最后加柄、嘴、盖等。点、线、面的构成，均衡、密实的要求，都不能有半点含糊。“款”即壶的款识。壶身上的“诗、书、画、印”往往能令壶锦上添花甚至身价百倍。“功”指紫砂壶的功用。容量适度、高矮得当、口盖严紧、出水流畅是好壶的标准。能斟四杯茶的“一手壶”常作功夫茶具中的“冲罐”。此外高壶宜红茶、矮壶宜绿茶，错乱则不得茶味。

清代宜兴紫砂壶

一把上好的紫砂壶，不仅在鉴选，也在颐养。紫砂壶最好一壶一茶，不宜混用，茶味才能既长且正。新壶须用茶水煮透，去除烟土味，浸染茶的气息，方能使用。用紫砂壶沏茶，应先用热水温壶，使其预热；饮毕应涤去茶渣和残汤，热水冲淋内外，自然阴干。紫砂壶要经常擦拭，更要以手抚之，令其日渐圆熟。养壶便如养性，须身心静谧、年月久远。一把养熟的紫砂壶，只入清水，亦能品出茶香。

茶中功夫

“功夫茶”并不是茶叶的名字，而是烹茶、品茶的道艺。对中国人来说，饮茶不仅为解渴生津，更是品鉴和玩味。所以就有了这一道重“品”而不重“饮”的“茶艺活化石”——功夫茶。

在广东的潮汕地区和福建的漳州、泉州一带，功夫茶须选用乌龙茶叶冲泡，滋味厚重，方合“功夫”二字的气度。乌龙茶叶中心嫩绿、边缘红褐，形成“绿叶底红镶边”的奇观；其半发酵的制作工艺介于红茶和绿茶之间，故乌龙既有红茶的甘醇，又有绿茶的清芬。茶汤的色泽仿佛是用红色和绿色在调色板上调成的，澄黄亮丽。茶性平和，不寒，也不热。

功夫茶具繁简不一，一套制式完整的茶具有十数种之多，从存茶的锡罐、煮水的“砂跳”，到沏茶的“冲罐”、品茶的茶杯，还有茶洗、茶盘、茶垫、茶巾等，不一而足，精巧琳琅。“砂跳”用泥砂制成，水沸则盖跳。“冲罐”即是茶壶，以宜兴紫砂为上。茶壶、茶杯都宜小、宜浅，能凝味、留香。沏茶的水以山水为上、江水为中、井水为下；烧水的火以炭之有焰的“活火”为佳。

享用功夫茶，以三四人为佳，一般由主人亲自烹茶。小红泥炉上架起“砂跳”煮水，待“砂跳”中有松涛之声，便可提水淋罐、淋杯，使之预热。茶叶置于纸上，分辨粗细，粗者填于罐底和滴口处，细末铺于中层，其余撒在表面，是为“纳茶”。纳茶不可过满，六七分即可。此时“砂跳”中再次水沸，便可冲茶。冲茶讲究“高冲”，沸水环壶口高高注下，茶沫上浮，用壶盖刮去。盖上壶盖，再以热水淋壶，使茶香充盈其中，便可烫杯、洒茶。冲水讲究“高冲”，斟

冲茶时讲究“高冲”，让开水降温。

以茶会友，享受难得的惬意。

茶却要“低斟”。斟茶不可逐杯斟酒，必须来回洒匀，杯中的茶水才能色、香、味分毫不差。

品饮功夫茶，须先闻香，再观色，饮毕复闻杯底，余香不散。痴心的茶客甚至“一啜而尽，三嗅杯底”。功夫茶味浓，碱性大，初饮会略感苦涩，饮到后来，一边品茶一边畅叙，心境恬淡悠闲，才叫“功夫”；这也

潮汕人家家有功夫茶具。

体现了一种中国特有的崇尚自然、无拘无束的茶艺精神，传达出中国特有的人情味——温良醇厚、含蓄深沉。

在潮汕地区，家家户户都有功夫茶具。他们以茶待客，以茶会友，以功夫茶配潮州菜。潮州人称茶为“茶米”，晨起便要饮茶，不可一日无茶，足见其嗜茶如命。潮州人即使去国离乡也决不离弃功夫茶。所以，有潮州人的地方，就有中国茶艺的活化石；品功夫茶的人，便能品出爱茶之人的一片冰心。

五十六味茶

华夏民族众多，民俗也众多。55个少数民族无一不饮茶。而少数民族的茶又往往因地制宜、因时制宜，因各族的习惯、风俗、心理、性情而异，别具一格，别开生面。

藏族人民生活在“世界屋脊”之上，这里空气稀薄，气候寒冷，蔬菜很难生长，茶却容易保存。藏族人从茶中汲取营养，并发明了独特的酥油茶。酥油是牛奶煮沸冷却后凝结在表面的脂肪；茶是紧压的砖茶。先将砖茶打碎，加水煎煮，熬成茶汁，注入竹制或木制的长圆形打茶筒。再往筒内放入酥油和盐，还可根据各人的口味加入炒熟捣碎的核桃、

炒茶的老人

藏族妇女在打制酥油茶。

花生、芝麻、松子等。用特制的木杵在筒内上下抽打，直至茶和各种佐料完全融合，酥油茶便打好了。酥油茶咸中带甜，甜中透香，是藏族人民款待宾客的珍品。在藏民家中喝酥油茶，不能一口喝完，须且喝且添。主人总是殷勤添茶，客人的茶碗永远是满的。

蒙古牧区盛产奶制品，蒙古人世代钟爱砖茶煮成的咸奶茶。勤劳的蒙古主妇晨起第一件事便是煮奶茶。铁锅沸水，投入打碎的砖茶，熬出茶汁后依次放入一撮盐巴、一块酥油、一勺奶皮子和一碗鲜奶，奶茶的咸香便立刻在毡房内弥漫开来。这一锅奶茶在微火上煨着，一家人要喝上一整天。蒙古人“一日三餐茶、一顿饭”，晚间放牧归来才正式用餐，奶茶却随饮随取，不可或缺。

白族的三道茶，是茶道，也是人生况味。熬茶的砂罐烤在火上，主人一边与客人谈话，一边在温热的砂罐中放入茶叶，轻轻抖动；茶叶变黄时冲入沸水，罐中“呲啦”一声，浮沫涌出，“雷响茶”便成了。茶水呈现琥珀色时便可敬客了。第一道茶味道清苦，是为“苦茶”。第二道茶中添入核桃片、芝麻和红糖，味道香甜，称作“甜茶”。第三道茶中放入烘香的乳扇（一种乳酪，白族传统食品），舀入蜂蜜，撒上桂皮、米花和几粒花椒，酸、甜、苦、辣、咸五味杂陈，叫作“回味茶”。先苦后甜再回味，白族人对生命的理解都在茶中。

回族的盖碗茶，茶盅上有盖、下有托，俗称“三泡台”，茶中配以白糖、红糖、红枣、核桃仁、桂圆、芝麻、葡萄干、枸杞等，益脑也健身。饮盖碗茶不能揭盖，而是要用盖子刮茶而饮，一刮甜，二刮香，三刮茶卤变清汤。回族人极爱“三泡

白族少女在煮茶。

台”，订婚时送的都是茶礼，所以定亲又称“定茶”。

侗族的打油茶用茶叶和米同炒同烹，吃时加米花、黄豆、花生、猪肝、糯米甜水圆等。傣族的竹筒香茶将茶叶放在嫩竹筒中烘烤，当竹筒由绿转黄，便可劈开竹筒取茶冲泡。土家族的擂茶用生叶（新采的茶叶）、生姜、生米仁研碎煎煮而成，又称“三生汤”。壮族的甜茶用野生灌木的叶片煮成，壮族少年上门求亲，姑娘必要奉甜茶，如若茶中有糖，便是芳心暗许。此外，维吾尔族有奶皮茶，朝鲜族有人参茶，哈尼族有土锅茶，纳西族有盐巴茶，布依族有青茶，高山族有柑茶，景颇族有腌茶，独龙族有煨茶……各族的茶味、茶香、茶艺、茶道，在各族的毡房、坝子、山寨、竹楼中活色生香，等你亲尝。

沉 醉 家 园

国酒醉了全世界

对于拥有5000年传统农业历史的中国来说，粮食是至高无上的主宰。而酒又是由粮食酿成，是粮食的精魂。所以，酒——是流淌在民族躯体里的血液。自古以来，上至帝王将相，下至贩夫走卒，对酒都是礼敬和热爱的。王侯用酒祭天，平民用酒抒怀；文人借酒赋诗，武士借酒壮胆；男人因酒而沧桑，女人因酒而妩媚。酒香渗透在社会生活的方方面面、男女老幼的死死生生。今天，酒依然是中国生活的当家调料，可寄寓期望，可表达祝愿，可沟通情感。中国酒，以浓烈的白酒和温醇的黄酒为首。白酒又有香型之分，酱香型酒如贵州茅台，浓香型酒如四川泸州老窖，清香型酒如山西汾酒，米香型酒如广西桂林三花酒，兼香型酒如贵州董酒，等等。

走向世界的茅台酒

远眺茅台酒的故乡——贵州茅台镇。

茅台酒是中国酱香型酒的鼻祖，传承了2000多年。早在公元前135年，今贵州省茅台镇一带出产的“枸酱酒”就使汉武帝为之惊艳。1915年，茅台酒参展巴拿马万国博览会，外人对土瓦罐包装的茅台酒不屑一顾。一位中国官员情急之下将瓦罐当众摔碎，顿时酒香四溢，震惊四座。茅台酒一举夺得金奖并从此蜚声海外。

茅台酒产于中国西南山区、黔北赤水河畔的小镇——茅台镇。这里依山傍水，气候温润，水质优良，土质特殊，长养着酿造茅台的红缨子高粱和独特的微生物群。酿造茅台非此地不可，异地试制，无一成功。酿造茅台是忠于品质、不惜时力的过程，每年端午踩曲，重阳投料，讲究高温制曲、高温发酵、高温馏酒，历经九次蒸馏、八次发酵、七次取酒，然后封存三年以上方能起窖勾兑。一瓶醇香的茅台酒要经历五年才能酿成，成酒酱香突出、圆润细腻、柔和饱满、

古老而又神秘的茅台酒酒窖窖池

幽雅协调、回味悠长、空杯留香，不刺喉、不烧心、不上头、不伤肝，为茅台贪杯也无妨。

茅台不仅是顺应天时、地利、人和的艺术酒、文化酒、历史酒，也是见证共和国诞生和成长的庆功酒、外交酒、友谊酒。1949年中华人民共和国举行开国大典，茅台酒被确定为国宴用酒。1954年日内瓦国际会议，新中国在国际政治舞台上第一次亮相，便用茅台酒宴请各国代表和记者。许多国家的领导人都曾在中国品尝过茅台酒。尼克松总统为家人演示茅台酒燃烧的蓝焰，竟然引发小小的火灾。基辛格国务卿事后对邓小平笑谈："你们差点烧掉白宫！"50多年来，茅台酒是国事的媒介，是国宴的主角，是当仁不让的国礼，是当之无愧的国酒，醉了中华，也醉了世界。

黄酒：岁月酿成的中国气质

黄酒与葡萄酒、啤酒并称世界三大古酒。它源于中国生活，也始终忠于中国生活。正如伏特加之于俄罗斯民族、清酒之于大和民族一样，中国独有的黄酒才是中国酒体中无法置换的血液。

儒家讲究“中庸”，不偏不倚、恰到好处，“过”与“不及”都不是上乘境界。黄酒既不似白酒般猛烈，也不似啤酒般寡淡，是平和中正的典范。国人又推崇“和谐”，希望万物调和、共生共存。黄酒六味——甜、酸、苦、辛、鲜、涩，将红酒的甜、酸，白酒的苦、辛，啤酒的鲜、涩兼容并蓄，六味一体，天衣无缝。

黄酒品种繁多，有福建老酒、九江封缸酒、元锡惠泉酒、广东珍珠红酒、山东兰陵美酒、上海老酒、大连黄酒

忙碌的酿酒工人

等。但“天下黄酒源绍兴”，绍兴酒是当之无愧的黄酒的领袖，已经成为中国黄酒的代名词。绍兴酒之所以冠绝群芳，与水有关。酿制绍兴黄酒的水取自会稽山上流来的鉴湖水，沿途砂石涤荡，水质澄清。再配以上等精白糯米和优质小麦，酿出的酒才有了“味甘、色清、气香、力醇，唯绍兴酒为第一”的声誉。

绍兴酒依据甜度的不同又可分干型、半干型、半甜型和甜型。元红酒又称“状元红”，甜度最小，是干型黄酒的典范；加饭酒属半干型黄酒，在绍兴黄酒中声誉最隆；善酿酒以存储一年以上的元红酒代水酿成，属半甜型；香雪

上：绍兴酿酒厂

下：绍兴黄酒的酒坛外面要涂上一层石灰，再将坛口封好。

绍兴，在岸边喝黄酒的船夫。

酒是甜型黄酒的代表。其中，坛装贮藏的陈年加饭酒又称“花雕”，因酒坛上雕绘着五色彩图而得名。而“女儿红”又是花雕中最美丽的一种。相传从前绍兴有位裁缝，在妻子怀孕时酿下几坛好酒，只等孩子出生时招待亲朋。盼子心切的裁缝最终却得一千金，一气之下便将酒坛埋在了屋后树下。忽忽十八年过去，裁缝的女儿长成了聪明俊秀的少女，被裁缝视为掌上明珠。出嫁之日，裁缝想起当年埋下的酒，启封开坛，惊觉酒香扑鼻、酒色醇红，“女儿红”就此得名。此后，江南家家效仿，得了女儿便在满月时泥封窖藏几坛好酒，静等十几个春秋，再用它送女儿走上花轿，走上乌篷船，走上自己的人生。再后来，得了男孩的家里也藏酒，盼着儿郎早日长大、高中状元，这便是“状元红”。用岁月酿成的黄酒，正如用岁月酿成的中国气质，古朴厚重，温和典雅。

四海之内皆爱酒

中国的少数民族，除了信奉伊斯兰教的穆斯林不饮酒之外，大多爱酒且善制酒，坚守“无酒不成礼”的待客之道。各族有各自的特色酒品和酒俗。

蒙古族传统的酿酒原料是马奶。从夏伏到秋凉，是马奶的产季，也是蒙古族的“马奶酒宴期”。夏季草原上，有蒙古包的地方就有马奶酒飘香；有节日狂欢或亲朋欢聚的时刻就有马奶酒宴和敬酒歌舞。蒙古族认为，酒是食中精华，以酒敬客，一次要敬三杯。客人在蒙古包里醉倒是主人最为开怀的事情。没有好酒量，轻易不可与蒙古人论酒。

藏族青稞酒用高原植物青稞酿成，有高度酒与低度酒之分，高度白酒可达60度以上。在藏民家饮酒，讲究“三口一杯”，即客人浅饮一口，主人斟满，客人再饮一口，主人复斟满，第三口时方能一口饮尽。如确实不能饮，可用右手无名指蘸酒，对空弹洒三次，意为敬天地神灵、父母长辈和兄弟朋友，主人便不再勉强。

四川彝族用苦荞、玉米、土豆酿酒，酿成的酒第一杯敬神明，第二杯献长者，然后其他人方可饮用。纳西族的“客酒”以高粱、大麦、小麦酿成，除了奉客，也为初生的儿女封存，意义与江南的“女儿红”相类。独龙族将大米、小麦或高粱拌上药酒装入竹筒中酿酒，酿成的竹筒酒不分男女老幼，均分共饮。水族“肝胆酒”将猪胆汁注入米酒中而成，用它待客，表明主人愿与客人肝胆相照、甘苦与共。土家族的“甜酒茶”实则为酒，系将糯米或高粱煮成甜酒，再用蜂蜜与山泉水调和而成。朝鲜族的“岁酒”以大米为主料，配

喜庆的日子离不开酒。

举杯欢庆

以桔梗、防风、山椒、肉桂等多味中药材，在春节饮用，以求辟邪和长寿。哈尼族的“新谷酒”以新打的谷粒炸成谷花泡酒，用以欢庆丰收。

各族以酒待客的方式各异。苗族迎客设“拦路酒”，少则三五道，多则十二道。傈僳族待客时先以酒洒地，表示敬祖，接着自己先饮一口，请客人放心。壮族敬酒不用酒杯而用汤匙，主客各舀一勺，相互交饮。佤族人敬酒要将酒筒送到客人嘴边，客人复推向主人，主人饮一口，客人再一饮而尽。最妙的是彝族人，饮酒时干脆不分宾主，所有人席地围坐，一杯酒从众人手中依次传递，各饮一口，真是不分彼此，四海之内皆兄弟也。

源远流长的酒文化

国人爱酒，饮之有道。中国的酒德、酒礼、酒俗、酒习，同中国的酒香一起，构成了中国的酒文化。

儒家讲究“酒德”二字，用酒祭天敬神、养老奉宾，都是德行。酒虽是粮食的精魂，但酒多伤身，酒醉误事，古人认为饮酒“以半为好”，提倡“饮随人量”，这也是儒家的“酒德”，是“中庸之道”在酒中的体现。

“李白斗酒诗百篇”，自古以来，酒、诗、文人三者之间有着密切的关联。

酒中有德行，还有礼节。古时晚辈在长辈面前饮酒，要先行跪拜之礼。长辈命晚辈饮酒，晚辈才能举杯；长辈杯中有酒，晚辈便不能饮尽。宾主相酬，主人要敬酒，客人要回敬，要起立“避席”，要互致祝愿。敬酒以三杯为度，受敬以饮尽为佳。今天，一些酒礼依然存在。中国的酒席上依然长幼有序，宾主尽欢。

中国的酒俗丰富多彩。年头到年尾，杯酒不离手。新春伊始饮“新岁酒”，清明节饮“清明酒”，端午节饮“菖蒲酒”，七月半饮“七夕酒”，中秋节饮“团圆酒”，重阳节饮“菊花酒”，冬至节饮“冬至酒”，除夕夜饮“屠苏酒”。一个人的一生，也始终伴随着酒香。出生三天就有“三朝酒”，满月有“满月酒”，百日有“百日酒”，周岁有“得周酒”，生日有“寿酒”，婚嫁有“喜酒”，亡故有“丧酒”。此外，造房有“上梁酒”，乔迁有“新居酒”；迎来有“接风酒”，送往有“饯行酒”；

《韩熙载夜宴图》局部，五代顾闳中作，真实地描绘了中国古代酒席宴饮的场景。

农家有“插秧酒”“丰收酒”；商家有“开业酒”“分红酒”；军人有“出师酒”“庆功酒”。无酒不成席，无酒不成礼，无酒不成欢。

古人饮酒，要行酒令。酒令有雅令和通令之别，雅令以吟诗作对为主，通令则以划拳猜数为主，席间或文采飞扬，或兴致盎然，酒的意义便远远超出了品饮本身。今天，各地的酒席上仍然活跃着各色通令，内容不尽相同，但主人“劝君更进一杯酒”的热心却是一样的。休怪国人劝酒成风；这酒是天赐的美物，怎可不敬献嘉宾？

酒吧的东方神韵

酒吧，虽是舶来文明，在酒文化源远流长的中国却有着全新的演绎。今天，泡吧已成为时尚人士不可或缺的生活方式。一个另类的“泡”字，透露着一点点闲适，一点点惬意，一点点慵懒，甚至一点点颓废。

北京是酒吧最多的中国城市。形形色色的酒吧，大至600平米，小至20平米，主题各异，风格鲜明。每当夜色降临，酒吧里便悄然汇聚起这个都市里的白领、知识分子、自由职业者、艺术家、音乐爱好者、大学生和出于各种理由的有闲一族，或成群结队跟随重金属乐队纵情摇摆，或两两三三把酒浅酌喁喁轻谈。以年轻的社会精英力量为核心的亚文化地带在酒吧里繁衍生息。

20世纪90年代，两个留日归来的年轻人在外籍人士密集的北京使馆区始建第一家酒吧。那时的酒吧仅仅是在华外籍

超市里供应各种品牌的葡萄酒，吸引顾客购买。

后海酒吧的灯光分外迷人。

人士、留学生和少数文化界人士出入的场所。但很快，酒吧被中国人迅速接受，并创造性地纳入了中国现代城市文明之中。而在使馆区附近迅速崛起的酒吧群，形成了后来声名远播的三里屯酒吧街。今天三里屯仍旧是北京夜生活的重要营盘，而更多的、个性更加浓烈的酒吧也在北京遍地开花。

什刹海一带的酒吧将时尚落户到了传统里，砖瓦斑驳的四合院与光影迷离的鸡尾酒相安无事，还有什刹海里悠悠荡荡的莲舟、灯影、琴声，酒不醉人，人已自醉。工人体育馆酒吧区热力张扬，朝阳公园酒吧区理性安详。七九八工厂酒吧区聚集着前沿且庞大的艺术家群体，元大都酒吧街临水而建，恬静得仿似回到了800年前的元代酒肆。

酒吧进入中国后，不仅是“精英化”“流行化”的，也是“本土化”“风格化”的。心仪者众的酒吧大多是主题鲜

别具特色的酒吧是众多时尚男女的聚集地。

明的。音乐主题的酒吧为数最多，摇滚、爵士、乡村……酒吧里盘桓着人数众多的、才华横溢的歌者。此外，以电影、绘画、雕塑、收藏，甚至动漫、军事、中国功夫、行为艺术为主题的酒吧，网聚着一批批志趣相投的时尚人士，为酒吧打上了各色中国当代时尚文化的烙印。

北京以外，上海的茂名路、广州的沿江路、西安的德福巷、杭州的南山路、长沙的解放西路、苏州的十全街、沈阳的三经路、南京的1912，都是一方酒吧文化的圣地。在游人如织的西藏、云南、广西等地，酒吧文化更是与当地的民族特色相得益彰，呈现出西方文化与东方风情的奇妙融合。

酒吧里永恒的主题自然是酒。在各种酒类中，酒吧消耗最多的当属啤酒。今日的中国，以70年代生人为代表的社会主体力量对啤酒的认同和喜爱已超过了白酒。如今，中国已是世界第二大啤酒生产国。各地啤酒品牌繁多、各踞一方，北有“哈尔滨”，南有“珠江”，西北有“黄河”，西南有“重庆”。传统的“青岛啤酒”，建厂百余年，是中国啤酒工业活的编年史。后起之秀“燕京”在北京人缘极好。北京人爱将普通燕京啤酒简称为“普京”，餐馆里常有此起彼伏呼唤邻国总统的声音。

除了爽口的啤酒、绮丽的鸡尾酒、刚烈的伏特加、柔绵的朗姆酒、甘醇的威士忌，红酒也是很多品酒者钟情的选择。中国人酿造红酒的历史可追溯到西汉（公元前206年—25年）时期。唐朝（618—907）是中国古代红酒酿造的辉煌时期，诗人王翰的一句“葡萄美酒夜光杯”成了古代中国红酒业的最佳佐证。明朝（1368—1644）时，李时珍也曾多次在《本草纲目》中提到了葡萄酒的酿造方法和药用价值。今天，中国的葡萄酒工业发展迅速，张裕、长城、王朝等品牌也为世界所知晓。吉林的“通化”和甘肃的“莫高”更是出产品质上乘的冰葡萄酒，被视作酒类奢侈品的代表。

对今日中国人而言，饮酒不仅是一种消费时尚，也是一种生活情趣、一种情感交流，既古老又前卫，既传统又开放，既亲切朴实又多姿多彩。

外国游客在青岛国际啤酒节上开怀畅饮。

逸 乐 有 道

伴奏中国生活

维也纳的金色大厅，年年奏响雄壮欢快的《拉德斯基进行曲》。1998年的农历新年，金色大厅里的《拉德斯基进行曲》中却流淌出了东方神韵，这是来自东方古国的天籁之音——中国民乐。在那一年，东方音乐倾倒了西方世界。时至今日，中国民乐的足迹几乎走遍了全球各地。

自古以来，无论婚丧嫁娶还是丰收节庆，中国传统乐器的悠扬乐声一直都是中国生活最好的伴奏。以各种打击乐器为主的“锣鼓乐”节奏鲜明、热烈活泼；以各种弦乐器为主的“弦索乐”婉转抒情、清新雅致；以弦乐器和管乐器合奏

“女子十二乐坊”使中国古老民乐焕发出现代气息。

的“丝竹乐”风格细腻，如江南丝竹；以吹管乐器和打击乐器合奏的“吹打乐”风格粗犷，如西安鼓乐。它们是中国音乐文化的经典，也是中国生活的忠实伴侣，其中饱含着中国人的喜怒哀乐。

在流行音乐席卷全球的今天，民乐在中国仍然拥有众多爱好者和传承者。各地的民乐演出此起彼伏，从来也不缺

二胡独奏《茉莉花》

乏听众。传世名曲如笛子曲《梅花三弄》、琵琶曲《十面埋伏》、民乐合奏《春江花月夜》，千年流传、百听不厌。古筝、二胡、扬琴、排箫……中国父母常常在儿女幼年之时就为他们选一样民族乐器开启童智。民乐成了好几代中国人开启传统文化大门的第一把钥匙。

民乐在戏曲和曲艺中也扮演着不可或缺的角色。戏曲中的"文武场"便是由传统乐器组成的乐队伴奏。"文场"以弦管乐为主，有胡琴、月琴、三弦等；"武场"以打击乐为主，有板鼓、小锣、大锣等。民间戏曲票友多兼通一点"文武场"的技能。公园里常常可见矍铄老者操着一把京胡咿咿呀呀地吊起嗓子来。各种曲艺形式往往缺不了民族乐器：苏州评弹离不了小三弦和琵琶，京韵大鼓、山东快板、安徽琴书更是以民族乐器来命名的。

黄土高原上吹唢呐的老人（右图）

各地乡间的锣鼓班子也是民乐的另一番精彩演绎。锣鼓

安塞腰鼓气震山河。

班子的成员都是朴实平凡的村民，吹拉弹唱的手艺都是农闲时自己练就的，逢着插秧、采茶等重要农事，或是婚丧、添丁等红白喜事，就在田间地头、房前屋下，吹吹打打，热闹非凡。安塞腰鼓是黄土高原上广泛流传的一种民间腰鼓，热烈、喧腾，充满了原始意味和乡土气息。陕北一带的乡村，几乎村村有鼓队、家家有鼓手。逢年过节，陕北汉子们打起腰鼓来，气宇轩昂，吼声震天，地动山摇。而江南一带的女孩儿家仍有不少自幼操习古筝。扬州二十四桥的中秋夜，年年有古筝齐奏伴随月光流淌，此情此景，让人不由感叹，“此曲只应天上有，人间难得几回闻”。

纹枰论道

琴、棋、书、画，是中国古代文人雅士一生的四件大事。其中，琴尚淡泊，书画尚性灵，唯有棋是求胜心切的。棋中有世事人心的博弈，有金戈铁马的厮杀。棋之一道，在古代中国，有围棋，有象棋。一个是政治家的智慧，一个是军事家的游戏；一个深居宫院，一个驰骋民间。

关于围棋的最早记载出现在春秋时代（公元前770年—前476年）。历代围棋的棋盘，经9线、13线、17线，直至今天形成横竖各19线的固定规格。棋盘为方，棋子为圆，寓意“天圆地方”；棋子分黑白，寓意阴阳；棋盘共361个点，约等同于一年的天数；天元一点隐喻万物始于一，九个星位暗合九宫之数；四个象限寓意一年四季，每个象限约有90个落子点，约为一个季度的天数。一张围棋棋盘就是一幅神秘的星象。行棋时黑先白后，双方轮番将棋子置于棋盘的交叉点上，运用吃子、打劫、做活、围地等手法，经开局、中盘、收官三个阶段，以活子围住的地域大小判定胜负。看似宁静淡泊，实则惊心动魄。围棋在南北朝（420—589）时传入朝鲜半岛，唐朝时传入日本，如今已风行亚太。在世界范围内，围棋也是一项魅力四射、备受关注的文化遗产。

古人称下棋为“对弈”，又称“手谈”，是神思的碰撞和心智的交融；所以围棋历来为尚权谋的帝王和尚风雅的文人所爱。唐玄宗和宋太宗都是好弈之人，搜罗全国各地的棋手奉养于宫廷之中，并为他们设专职，古代围棋因而有了“国手”。东汉史学家班固，三国政治家曹操，北宋文学家范仲淹、欧阳修、司马光、王安石、苏东坡，也都是围棋高手。

围棋小"国手"

观棋不语真君子。

象棋的发源同样久远得难以追溯。与动辄出入宫闱府第的围棋相比，象棋更多地长养在民间。士人在书斋中摩挲着玉石的围棋棋子，农民、工匠和商人却在市井摆开无数象棋棋局，自得其乐。

象棋棋盘九纵一横，共有90个交叉点，被“楚河汉界”分为相等的两部分。两方将帅坐镇于“米”字方格的“九宫”之内。象棋棋子共有32枚，分为红黑两组，双方各有二车、二马、二炮。红方有一帅、二仕、二相、五兵；黑方有一将、二士、二象、五卒。行棋时，将帅只能在“九宫”内进退或平移；仕（士）只能走“九宫”的斜线；相（象）

落子无悔"是棋道中人恪守的法则。

走田字格的对角；马走日字格的对角；车可前后左右所向披靡；炮吃子时须隔一子；兵（卒）过河前只能前行，过河后可平移。执红者先行，轮流出招，以吃子为取胜的主要手法，直至一方将帅被困，判定输赢。

围棋重在打围，象棋却重在吃子；围棋棋盘渐满，象棋棋盘却渐空；围棋尚谋略，象棋尚拼杀；围棋是"于无声处听惊雷"的华丽，象棋是"何须马革裹尸还"的壮烈。

今天，围棋依然是少数人的游戏。13亿国人中，职业围棋选手不过数百人。中、日、韩围棋高手年年在国际赛事上捉对厮杀。象棋却是百姓生活的忠实伴侣。公园里、树荫下，常见两人对弈，数人观战。众人可能素不相识，只为一局残棋，便可推心置腹，流连忘返。

脸谱下的粉墨人生

在城市的剧院、戏楼、茶社，在乡村的场院、旷野、滩头，有一种演出从来都座无虚席。台上常常只有一桌二椅，演员们长靠短靴、长衫水袖，勾着五色脸谱：奸邪的白脸、忠勇的红脸、暴躁的蓝脸、刚直的黑脸，鲜活动人，爱憎分明。表演更是写意的典范：抬腿上楼，楼就在脚下；伸手推窗，窗便在眼前；策马只见马鞭；行舟只见舟楫；千军万马的厮杀，只见满天花枪飞舞；一个“圆场”便关山飞渡，一段独白便岁月荏苒。这便是中国的戏曲艺术。

中国戏曲的剧种繁多，几乎各地都有独特的地方剧。江苏有昆曲，陕西有秦腔，浙江有越剧，河北有梆子，安徽有黄梅戏。其中，京剧是中国戏曲的魁首，论剧目之丰、名家之众、戏迷之多、影响之广，无出其右者。从古至今，戏曲不仅是一种艺术形式，也是一种生活方式，使戏曲艺术传承至今的不仅有那些艺术造诣精深的“名角儿”，还有不计其数的民间“票友”和戏迷。

“票友”是戏曲界的行话，指会唱戏却不以演戏为生的戏曲爱好者，兴起时也登台，但只为自娱和娱人，决不取报酬。昔日中国戏坛有不少名票友，“唱、念、做、打”的功夫甚过台上的“正角儿”。许多名噪一时的票友都出身名门世家，本就通琴棋书画、诗词歌赋，又不为生计而献艺，艺术风

脸谱勾画精美，色彩鲜明，明示忠奸。

格往往更为清新雅致。今日，票友的各类活动丝毫不逊色于专业剧团。在各大院校中，票友们以校园为舞台，常常是师生联手，粉墨登场。在街道、文化馆、少年宫，长者年过八旬，幼者不足八岁，四世同堂，切磋技艺。在公园、茶社、街边、亭下、绿地、廊前，票友们一把京胡，立地开唱，声透云霄，自得其乐。今天，戏曲票友不分民族、不分国籍、不分肤色，许多在华留学和生活的外国人也为中国戏曲的魅力所倾倒，他们不仅看戏、听戏，也学戏、演戏，穿上行头，勾起花脸，一个“亮相”，一声“响堂”，充满了中国韵味。

在中国，除了有众多以唱戏为乐的票友，还有更多的以听戏为乐的戏迷。旧时，上戏园子听戏是时尚的娱乐方式和高雅的待客之道。戏园子一侧为舞台，一侧为厅，三面环楼。厅中设条凳、八仙桌，楼上有官厢雅座，达官贵人都要

京剧《杨门女将》中的穆桂英神采奕奕。

戏曲中口吐烈焰的钟馗，中国民间传说中驱鬼逐邪之神。

登楼入厢以示地位尊崇。听戏本是一项价格不菲的逸乐，除了门票，瓜子、茶水、热毛巾样样有价，叫个好、捧个场也是要打赏的。今天，听戏不再是富人专属的娱乐，戏园子里八仙桌凳、品茗听戏的传统却原汁原味地留存下来。

此外，戏曲早已通过电影电视走进了千家万户。电视上

怡然自得的票友

有为戏迷专辟的戏曲频道，而且每到年节，各类综艺晚会中必少不了戏曲节目。经典唱段还被灌成唱片、制成影碟，成为可以永久保存、反复玩味的音符和影像。戏迷们戏瘾来袭时，足不出户就能看那英气逼人的武生要起长戗短棒，听那青面獠牙的花脸吼出气冲霄汉，看那婀娜多姿的青衣踮起莲步细碎，听那正气凛然的老生吐出字正腔圆。

百样曲艺演绎平凡悲喜

说和唱是传情达意最直截了当的方式。中国民间说唱艺术千百年来生生不息，传递着平凡生活的悲喜。说的有相声、评书；唱的有大鼓、清曲；似说似唱的有快书；又说又唱的有琴书；还有说唱中兼有舞蹈的如二人转、莲花落、凤阳花鼓等。

民间说唱在历朝历代始终只是博人一笑的“伎俩”或“杂耍”。宋代（960—1279）的勾栏瓦肆里，说唱艺术在歌舞、杂技的边缝里顽强地繁衍。近代，北京的天桥、南京的夫子庙、天津的报国寺、上海的城隍庙里，上演着无数民间说唱艺人的艺术人生。新中国成立后，这些流布于民间的说唱艺术统称为“曲艺”，并自此从市井走上了舞台。

据说，如今仍然活跃在民间的曲艺品种约有400个。相声是曲艺当中带给人们最多欢笑的一种。正如许多相声段子的开场所说：“相声是一门语言艺术，讲究的是说、学、逗、唱。”相声演员要能说会唱擅模仿，还要会制造笑料，即“抖包袱”。相声有单人表演的“单口相声”，有两人合作的“对口相声”，也有众人合说的“群口相声”。对口相声是今天最常见的形式，两人一为“逗哏”，一为“捧哏”，你一言我一语，分工不同，幽默的品格却是一样的。近代以来，相声界名家辈出，相声艺术也深入人心。京津一带的茶馆戏楼里，活跃着庞大的相声表演队伍，也盘桓着庞大的相声爱好者群体。

评书流行于中国北方，多是对历史演义或侠义故事的讲演评说。一把折扇、一块醒木，唇舌之间，天雷地火、文韬武略都能绘声绘色、惟妙惟肖，如在眼前。评书故事多是长篇，那一句“且听下回分解”不知急坏了多少忠实的“书迷”。苏州评弹流行于江、浙、沪一带，演员自弹自唱，弹的是小三弦和琵琶，用的是苏州方言，吴侬软语唱着吴越小调，水乡风情便扑面而来。此外，双簧滑稽；单弦婉转；山东快书轻快活泼；京韵大鼓苍凉悲壮；东北“二人转”既说且唱，载歌载舞，热烈高亢，诙谐俚俗，一如东北人所言：

相声艺人在表演。

“宁舍一顿饭，不舍二人转。”

苏州评弹是南方曲艺的典型代表。

生活是曲艺的养料，曲艺又是生活的调料，各地曲艺在大江南北流传至今，或浓烈，或清淡，或热辣，或悠扬，一方水土总有一方精气神，一方曲艺总有一方风情。

一个筋斗翻过天涯

河北省吴桥县是中外驰名的“杂技之乡”。走在吴桥县境，倘若有人忽然在你面前翻了个筋斗，千万不要讶异。吴桥人说：“上至九十九，下至刚会走，吴桥耍杂技，人人有一手。”吴桥杂技有2000多年的历史，杂技艺人的足迹遍布世界各地。

杂技深受中国人的喜爱，从除夕夜的精神大餐——春节联欢晚会，到江湖艺人搭台设摊的民间庙会，都少不了杂技的身影。在剧院，在广场，在餐馆，在街巷，有时是多至百人的杂技荟萃，有时是少至一人的即兴献艺；杂技艺人四海为家，走到哪里，便把高潮迭起的惊叹和连绵不绝的笑声带到哪里。

中国杂技中同样蕴含着中国人的秉性：并非一味求险求奇，却以柔韧和稳健见长。“叠罗汉”原是民间传统体育游戏，由多层盘腿而坐的罗汉组成造型。杂技艺人将各种绝技引入“叠罗汉”中，椅上叠椅，人上叠人，在空中翻转、倒立、腾挪展闪，甚至口衔烛台或大抖空竹，靠的是精妙的力道和千锤百炼的功夫。走钢丝更是动中求静、险中求稳的极致。观者常常为之战栗，表演者却如老僧入定一般，丝毫不为外物所动。“蹬技”是中国杂技中的一项绝活，多由女艺人表演，所蹬的物体包罗万象，从绢制的花伞到木制的八仙桌，从圆形的酒缸到长型的竹梯，甚至百十多斤的活人，都可被蹬得上下翻飞或极速旋转，只见影影绰绰而不见物象。中国杂技又是充满生活气息的艺术，所用的器具常常是平凡无奇的日常用品，如碗、碟、坛、罐、鞭、绳、伞、帽等。“转碟”是中国杂技的传统节目，用长约1米、粗如铅笔的杆

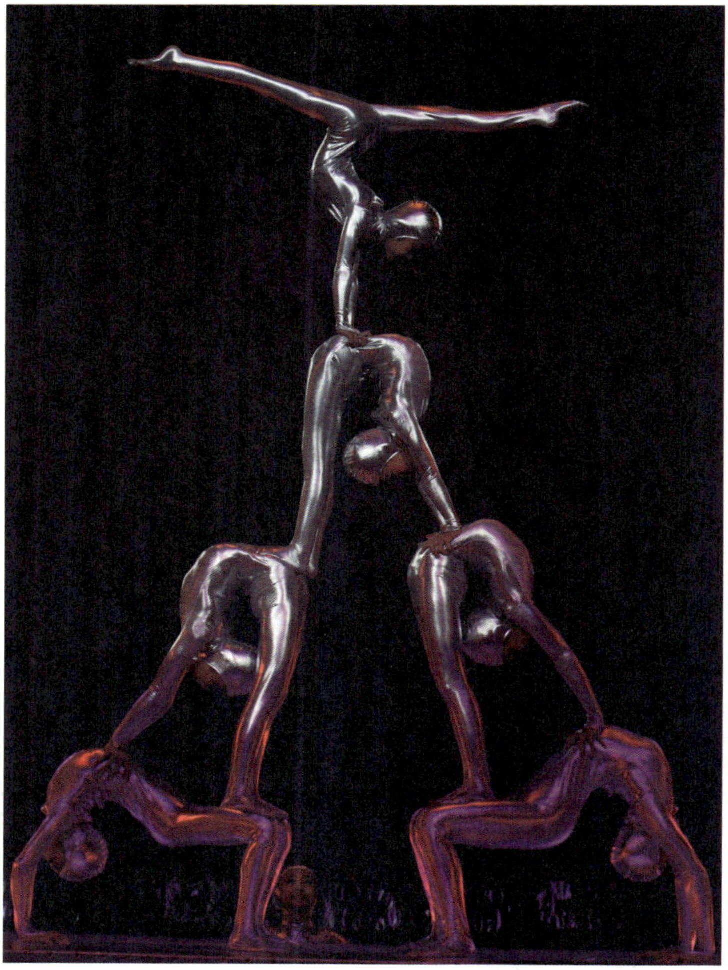

女子柔术

子顶着瓷碟旋转，双手同时可转动数十个碟子，如迎风而立的荷叶，赏心悦目。

中国人喜爱杂技，也敬重杂技艺人。杂技艺人都是自幼学艺，尝尽艰辛，历尽磨难，才练就一身过人的功夫，是名副其实的“台上一分钟，台下十年功”。

把"鹞"和"鸢"送到遥远的地方

"草长莺飞二月天，拂提杨柳醉春烟。儿童散学归来早，忙趁东风放纸鸢。" 这是中国古诗中所描绘的孩童在明媚的春天放风筝的情景。

风筝在中国已有2000多年的历史，古时南方称"鹞"，北方称"鸢"，这二字相连，竟然与汉语的"遥远"谐音，不知是巧合，还是古人对它行程遥远的暗喻。

风筝这一民间趣俗最初用于军事。史载，汉将韩信曾用放飞的纸鸢测量未央宫的远近；梁武帝曾用放飞的纸鸢传递被困求救的讯息。到了五代（907—960）时期，宫人在纸鸢上安放竹笛，风贯竹笛，声若筝鸣，"风筝"就此得名。宋元（960—1368）以后，风筝从宫廷走向民间，明清（1368—1911）时盛极一时。在被誉为"中国古代社会生活百科全书"的《清明上河图》中，赫然可见六个放风筝的孩童，憨态可掬；《红楼梦》的作者曹雪芹也是风筝爱好者，他曾亲自记录了43种风筝的扎制技法。

手工艺人在扎风筝。

飞翔在天空中的传统硬翅风筝

儿童散学归来早，
忙趁东风放纸鸢。

古人放风筝，尤其喜爱在春季。清明前后，寒意尽去，春日煦暖，东风平稳。家家户户扶老携幼，出游踏青，将各色风筝送上青天，等到风筝飞入云端、遥不可见，便一刀断开手中线，让风筝飞走，寓意灾病就此远去。风筝祛病，在古代只是美好的祝愿，现代科学却证明了它的道理：在早春的原野上俯仰天地、舒展筋骨、愉悦身心，病痛自然远离。

今日的风筝有串式、桶子、板子、软翅、硬翅和自由式诸多品种，各地的风筝文化也足可让人目不暇接。老北京放得最多的是"沙燕"，单用黑墨绘制的沙燕俗称"黑锅底"，颇得京剧脸谱的神韵；天津的风筝以软翅为主，擅长昆虫和禽鸟，还可聚少成多，成"百鸟朝凤"之势；广州阳江的"龙头蜈蚣"巨者可达100多米，摇头摆尾，栩栩如生；江苏南通的"哨口板鹞"可装置数十乃至数百个哨口，放飞时其声有如江涛拍案，汹涌澎湃，震耳欲聋。当然，中国最著名的风筝出在山东潍坊。潍坊风筝扎工精美、画工别致，

潍坊不仅是中国的“鸢都”，还是“世界风筝之都”。潍坊国际风筝盛会年年春天与四海友人相约，把中国的“鹞”和“鸢”放飞得更加遥远。

山东潍坊，随处可见的风筝摊。

街巷中的民间体育

中国人注重修心，也注重修身。体育不仅是赛场上的竞技，也是街巷中的玩乐。寻常百姓、寻常器具，可造就寻常生活、寻常快乐。

拔河确切地说应该叫作“拔绳”：一根长数十米的绳子，两边分列数十人，交错站立，摩肩接踵，双手并用，拉住绳子曲腿沉腰，只等一声令下便开始角力。绳子中点系一红巾，两队人马的脚下各有一道“河界”，把红巾拔过了“河界”，便是胜利。拔河赛的不仅是力量，也是力道，不仅是手齐，也是心齐。

课间休息时，小学生们在操场上快乐地跳绳。

跳绳是古时年节的一种庭院游戏，唐代即盛行。跳绳可一人独跳，自摇自跳；可一人摇绳，两人齐跳；也可两人摇绳，众人轮跳。跳法上又分单脚跳、换脚跳、双脚并跳、双脚空中分跳等，技艺高超者可反摇绳索、双摇一跳甚至三摇一跳。集体跳绳是人们喜爱的运动方式。长绳舞动起来，众人或一一加入，或鱼贯通过，节奏井然，气氛热烈。个中高手还可在飞舞的绳索中自由转身、以手触地或完成更多“不可能完成的任务”。

陀螺可能是中国人最早的玩具之一，时至今日，转陀螺仍然是孩童喜爱的游戏。木质坚硬的圆锥形陀螺，上圆下尖，看似无法“立锥”，用鞭子一缠一抛，便落在地上飞速旋转起来。当旋转的陀螺渐渐“懈怠”时，从侧缘“鞭

老人们在公园里尽情地享受抖空竹带来的快乐。

策”几下，它便又立刻振作精神，不知疲倦地继续舞蹈。乡间小儿往往亲自动手制作陀螺，因为陀螺是他们手下的“骁兵勇将”，要代他们“征战沙场”。在农家宽阔平坦的打谷场上，常见数十只陀螺遍地开花。谁的陀螺转得稳、转得长，谁便能赢得同龄人的拥戴，成为“孩子王”。技艺精妙的孩童，一鞭之下能令陀螺连转数十分钟。

另一样脱胎于陀螺的玩具是飞旋于空中的“空竹”。空竹以竹木制成，最初也在地面上旋转，只是构造较之陀螺要复杂，有轴，有轮，有发声的“哨口”，旋转时“嗡嗡”作响。陀螺要“抽”，空竹却要“抖”。一根绳子抖直开来，空竹便可在其上滑行和跳跃，仿佛琴弓掠过琴弦，华彩的乐章便要上演。抖空竹的技法非一朝一夕所能习得，姿态要准确，力道要精妙，须得心灵、手巧、胆大、心细。抖空竹也是传统杂技的代表项目，技艺高超者，小至茶杯盖，大至圆桌面，都可当作空竹一抖。民间的空竹不求惊险繁复，只为

天坛附近踢毽子的人们

怡情健身。冬春之际，北方天幕下常能听见清越悠扬、千回百转的空竹之鸣。

毽子种类繁多，除了在金属片中插上鸡毛的传统鸡毛毽，还有以纸条为缨的纸毽、以布条为缨的布毽和塑料制成的花毽。通常的踢法大约有盘、拐、磕、绷四种。“盘”用的是脚踝内侧，是最基础的踢法；“拐”用的是脚踝外侧，常与“盘”交替使用；“磕”用的是膝盖；而“绷”用的是脚尖。踢毽子可一人自娱自乐，可两人来回对攻，也可众人团踢，不拘人数、踢法，也不拘踢给谁，毽子不落地是大家共同的目标。踢毽子时心到、眼到、身到、脚到，是从头到脚、从心到身的全面运动。在街头巷尾，在场院公园，常可见素不相识的男女老幼，却为一只毽子结缘，技高者炫技，技平者参与，毽子落地没有惩罚，毽子高飞人人欢愉。

游戏中的谜题和奇迹

古时儒家培育贤能，讲求“礼、乐、射、御、书、数”六艺，从修养到知识，从文采到武功，学科齐全，技能完备。中国人自古就看重人的全面发展，修身如此，游戏亦如此。所以中国民间的传统游戏不仅为健身，也为健心，不仅装点民俗，更须启发民智。

“华容道”是中国传统益智游戏的代表，与匈牙利人发明的“魔方”、法国人发明的“独粒钻石棋”并称为“智力游戏界的三大不可思议”。游戏取材于《三国演义》中“关羽放曹”

华容道的典故——关羽放曹。

小学生在拼七巧板。

的故事：刘备、孙权、曹操三分天下，刘备联合孙权在赤壁之战大败曹操，曹操率残部从华容道逃遁，镇守华容道的关羽顾念旧恩，放走了曹操。游戏中的“华容道”是一个长宽比为5:4的矩形框，下端留有一个出口。框中置10枚棋子，分别是最大的方形棋子“曹操”，二分之一于“曹操”的五虎上将“关羽”“张飞”“赵云”“马超”“黄忠”，和二分之一于五虎上将的四名小卒。棋子有一定的布局，每次只能挪动一枚，直至曹操挪到出口、顺利逃脱，便告成功。“华容道”有多达数百种布局方法，不仅倾倒了中国人，也令世界各国的数学家为之心醉神迷。

七巧板，明、清时代即在民间流行，在国外被称为

"唐图"，也是风靡世界的一项游戏。一块正方形被切割成大小不一的7块，便可拼出1600种以上的图案。这些图案有的是容易拼成的，有的却匪夷所思，超乎想象。据说拿破仑在遭流放的日子里就用七巧板消磨时光。

鲁班锁，相传由春秋（公元前770年—前476年）时期鲁国著名工匠公输般发明，用六根木条构造出三维空间。木条上带有特定的缺口，六根木条分为三组，不用一绳一钉，牢固地咬合在一起，天衣无缝。中国古代木制建筑深谙此道，梁、柱、檩、椽全靠榫头衔接，相互咬合，精巧绝伦。

九连环，宋代已流行。这种玩具由九个圆环、连杆和框架组成。将圆环一一从框架上拆解下来，再一一穿套回去，环环相扣，引人入胜。也可穿套成花篮、绣球、宫灯等状，既是数学运算，也是形象思维。

此外，公道杯、倒流壶、饮水鸟、鲁班球、四喜人、五子棋、九宫游戏等等，中国传统的益智游戏，每一种都是一个谜题，每一种都是一个奇迹。中华民族是一个古老的民族，也是一个童心未泯的民族。中国人的聪明智慧，不仅在火药、指南针、印刷术、造纸术中，不仅在精确的圆周率里，不仅在雄伟的万里长城上，还在生活的点点滴滴里。快乐乃生活之本，中国人崇尚快乐，也深谙寻求快乐的法门。

集市中的民俗盛事

参神拜佛是古代社会生活中的大事。在祈福求子、消灾还愿之际，人们丛集于寺院宫观，总要饮食，总需香油灯纸。于是，商贾云集，三教九流纷至，宗教信仰与商贸集市、赏玩游乐、民俗文化、社交往来在庙会中神奇地融为一体。

今天，每逢年节，在寺院，在公园，在街市，在乡村，庙会是民间的集市、民间的剧场，更是各地民俗、民风、民间文化的大杂烩。

庙会上的货品从花鸟虫鱼到古玩字画无所不包，日用品有服饰鞋帽、碗筷针线甚至五谷杂粮，工艺品有瓷器、锡器、景泰蓝甚至金玉珐琅。各色风筝、花灯、风车、荷包，造型各异、色彩浓艳。剪纸在春节前后尤其受到青睐，大大小小的“福”字、“寿”字，人们总要“请”上一些，还有印有金鳞图案的“吉庆有余”“吉祥如意”，喜气充盈，年意盎然。手工艺者在庙会上现做现卖：吹糖人的、捏面人

民间艺人在表演变脸、吐火。

的，用软陶制作摆设，用椰壳制作玩偶，用麦秆制作蟋蟀、蜻蜓、蝈蝈笼。皮影艺人在庙会上传播古老的皮影艺术。皮影人物选用上等牛皮或驴皮制成，刀雕彩绘全凭手工，用红、黄、青、绿、黑五色平涂，光照之下，明艳、剔透、灵动。皮影戏虽已近乎绝迹，从这些栩栩如生的皮影人物中，还可想见当年的皮影戏班一箱皮影走天涯的苦乐。庙会也是民间小吃的盛宴，吆喝声此起彼伏，北方的面食、南方的糕点，北方的烧烤、南方的汤水，香飘十里。各路民间艺人在庙会上搭棚设摊，唱戏的、说书的、演杂技的、玩魔术的、表演武术的、展示歌舞的……置身其中，目不暇接。这边刚拍响脆亮的惊堂木，那边又打起铿锵的竹板；这边手劈石板的功夫令人咋舌不已，那边口吞烈焰的戏法又让人流连忘返……

中国人的年节崇尚喜庆、热烈，常以万人空巷的集会作为庆祝的方式，庙会之外，各种风筝会、赛马会、龙舟会、对歌会、“那达慕”大会（蒙古族庆丰收盛会），不一而足。西北的“社火”在正月十五这一天，锣鼓、高跷、旱船、舞狮……一路吹吹打打，浩浩荡荡。济南的“山会”一年两度，在三月初三和九月初九，沿着千佛山的山路，各色香烛和山货琳琅满目，参佛和踏青的人们摩肩接踵。广州的除夕夜有年宵花市，数里长街，灯火通明，牡丹、百合、菊花、大丽、玫瑰、杜鹃、芍药、米兰……争奇斗艳。南京的灯会年年春节点亮夫子庙，“江南贡院”“六朝古都”等大型灯组恢宏璀璨，传统灯市里各式手扎花灯、宫灯、鸳鸯灯，精巧鲜活。秦淮河两岸彩灯成行，流光溢彩，舟行河上，桨声灯影，令人沉醉。

娱乐休闲新纪元

时间的指针指向了21世纪，中国人的休闲娱乐生活也呈现出前所未有的面貌。越来越多的中国人赞同“生活至上”的理念，以百倍的热情投入到了对快乐本源的追问中。

随着传媒业的迅速崛起，以传媒为载体的娱乐生活占据了中国人大部分的休闲时光。20世纪80年代以来，电视的普及彻底改变了中国家庭的夜生活。足不出户而又鲜活生动的方式牢牢抓住了亿万电视观众的眼球。今天，电视对一个家庭来说，如同锅碗瓢盆一样平常而必需。丰富的频道、多样的栏目，及时的信息、海量的剧集……带来的是无数茶余饭后的谈资、眼花缭乱的偶像和身体力行的全民娱乐时代。

曾几何时，电视文化的高歌猛进是以电影院的门可罗雀为代价的。在中国电影跨越百年里程碑的前后，曾经在一代人心中系下情结的影院时代又悄然回归。今天的电影院更

近年来各种娱乐选秀节目大热，让人眼花缭乱。

像是一个童话王国或者魔法学校：高清晰的画面、高品质的音效、如临其境的震撼视听、直击心灵的艺术体验，都是一台电视无法给予的。而中国电影作为最高形式的中国影音艺术，也在中国第五代、第六代导演的监视器里，成功登上了世界电影的巅峰舞台。

20世纪末，网络刚兴起时，网吧是年轻人娱乐休闲的重要场所。

网络在中国普及的时间尚虽不长，对中国休闲娱乐生活的影响却是天翻地覆的。今天年轻的一代，不可一日无网络。浏览资讯、收发邮件、聊天、购物、阅读、游戏……伴随网络成长起来的一代，习惯了用网络去了解世界、了解他人，现实身份之外还有网络身份，日常语言之外还有网络语言。而近年来兴起的个人博客，更是将话语权交到了网民自己手中，塑造了一代敢于独立思考和表达自我的“网络新人类”。

与传媒业同样极速挺进的，还有旅游业。旅游是中国人度假的主要方式。当下的旅游爱好者早已不满足于众人皆知的景点、一成不变的路线和走马观花的游览。“背包一族”的自助游、有车一族的自驾游、回归田园的乡村游、开阔视野的出境游成为旅游度假的新宠。人们不再看重“到此一游”的形式，而“用眼睛发现风景”的心情和“在路上”的心灵体验才是旅途中更为珍贵的收获。

如果说中国人度假的方式多集中于旅游，那么度周末的方式则各有千秋。博物馆用历史和文化满足着现代人的求知欲望。游乐场用狂欢和刺激释放着现代人的精神压力。以传统书画、古籍、钟表、家具乃至票证、钱币、

香港迪士尼乐园里游人如织。

海报、玩具为对象的收藏热印证着“乱世黄金、盛世古玩”的俗语。以刺绣、陶艺、编织、布艺、串珠乃至航模、无线电、机器人为产品的DIY手工制作成为都市人返璞归真、修炼心智的新途。中国人的娱乐休闲生活充满了无限可能，其中的精彩和活力也会不断超越人们的想象。

北京潘家园旧货市场吸引了众多“淘宝”的中外宾客。

颐 养 年 代

顺四时而适寒暑

“天人合一”是中国古典哲学的基本精神，也渗透进了中国人的日常生活，成为传统养生学的理论基础。中国传统养生理论认为人和自然都是“气”的产物，人处在天地之间，生活于自然环境之中，作为自然界的一部分而存在。因此，人与自然具有相通相应的关系，自然界的一切运动变化，必然直接或间接地影响人体生理、病理变化。“天人合一”的理想在于人与自然的和谐统一，天地之气春生、夏长、秋收、冬藏，养生之道则讲究“春夏养阳、秋冬养阴”。所谓“阳气”是长养之气，“阴气”则是藏蕴之气。

一年之计在于春。

因此，在精神修养、饮食调摄、生活起居等方面顺应季节气候的特点是中国传统养生学的重要内容。

春季万象更新，阳气生发，此时宜晚睡早起，顺应阳气的舒张。春季万物复苏，人也应改变一冬畏寒恋暖、深居简出的习惯，多做户外活动。清晨是一天之中阳气初升的时刻，在春季坚持晨练能使身心最大限度地汲取自然的活力。春季饮食尚辛、甘、温，忌生冷、酸涩，麦、枣、橘、花生等都是很好的选择，胡萝卜、柿子椒等蔬菜也多多益善。春季宜饮花茶，浓郁的花香可发散严冬积存在体内的寒邪，提神醒脑，消除春困。

夏季万物繁茂，阳气最为旺盛，仍应晚睡早起，保养阳气。此时人体心火旺、肺气衰，夜间睡眠往往并不安稳，须适当午睡以保持充沛的精力。夏季要进食益气生津、清热解暑的食品，如绿豆、粳米等。夏季饮茶以绿茶为佳，绿茶性凉，可消暑、解毒、止渴。中医有“冬病夏治”的传统方法，在夏季人体阳气最盛的时候，治疗冬季易发的、虚寒类的疾病，能以阳克寒、标本兼治。呼吸系统疾病、关节炎、风湿病、慢性胃病等都可在盛夏时节用敷贴、针灸、汤药的方法调理。夏至（6月21日或22日）之后的三四十日，是一年之中最为炎热的“三伏天”，也是敷贴的最佳时节。每年三伏天，各地中医的“三伏贴”门庭若市，蔚为壮观。

秋季天高气爽，阳气消、阴气长，此时应早睡早起，以避天地肃杀之气。在“一场秋雨一场寒”的秋季，不宜过分保暖，须激发人体自身的抗寒能力，以御严冬。秋季干燥，饮食要少用葱、姜、蒜、椒等辛辣食物，多吃芝麻、糯米、蜂蜜、乳品。饮茶以乌龙茶为好，乌龙茶不寒不热，既能消除夏季的余热，也能益肺生津。

冬季天寒地冻，万物生机潜伏，阳气藏匿，阴气盛极。

冬令进补是几千年来传统的养生方法，性热的羊肉、狗肉，蔬菜中的藕、木耳等都是不错的选择。冬季饮红茶最佳。红茶味甘性温，既可助肉类的消化，也可暖胃、补气、强身。冬季是人养精蓄锐的最佳时节，此时应避寒就温，早睡晚起，精、气、神内收，迎接又一个春天。

食物进补讲究时令，不同的季节需要补充不同的食材。

自然界的喜怒哀乐便是四时运行、万物枯荣。人长养于天地之间，自然须应时而动，方能生生不息。古人说的“智者之养生也，必顺四时而适寒暑，和喜怒而安居处，节阴阳而调刚柔”正是这个意思。

呵护身心的岐黄之术

中国人的养生理念渗透在生活的方方面面，从日常的起居饮食，到情绪的约束调整，从生活细节中的琉头、扣齿，到精神世界里的淡泊名利、宁静致远，大都是提倡不疾不徐、不愠不火、平和中正、自然和谐的。而一旦受到疾病的侵扰，要护卫中国人的健康，"岐黄之术"——中医自然责无旁贷。

中医常常被蒙上神秘的面纱，实则中医是科学，同时也是哲学。中医认为，每个人都是一个"小宇宙"，人体是统一的有机整体。人体内部的统一体现在五脏六腑的统一和精气

中医为病人把脉。

中草药种类繁多。

神的统一。而人体与外界环境也是统一的，考量人体的病理还须参详当时当地的晨昏、季候、地域甚至风土，这便是古典哲学崇尚的“天人合一”。在科学和哲学尚未分离的古代，中医汲取了中国哲学中的“气”“阴阳”“五行”等理念，形成了独特的东方思维。

就诊于中医，传统的历程是“望闻问切”。“望闻问切”指的是“望诊”“闻诊”“问诊”“切诊”四种基本的中医诊断方法，相传最早的奠基人是战国（公元前 478 年—前 21 年）时期的名医扁鹊。“望诊”是用肉眼观察，察看病人的形态、面色、舌苔等。一般来说，胖人多痰，瘦人多火，喜静者属寒症，喜动者属热症。面色白主寒，面色黄主湿，面色青主瘀，面色红主热。舌苔薄则病情轻，舌苔厚则病情重。“闻”字在

配好的药材用药罐煎成汤剂，便可服用。

汉语中有“听”和“嗅”两个意思，“闻诊”的含义恰好包含了这两层意思，通过听病人说话的声音，辨别病人的口气、体气等来诊断病情。“问诊”则是直接向病人询问主要症状、持续时间、病情演变、既往病史、家族病史等。这一方法在西医中也被广泛采用。“切诊”包含按诊和切脉。按诊通过触按病人的手、腹、四肢等判断病症，切脉便是切按脉搏。脉搏跳动的特征称为“脉象”，脉象是内在生命信息的窗口，医术高妙者仅凭脉象便可推断病症的性质和部位。

断明了病症，自然便要对症下药。与中医形影不离的是中药，中药大多取材于野生植物，又称“中草药”。中药有寒、热、温、凉四性，辛、甘、酸、苦、咸五味，一般配合应用，对成因复杂的病情多方照顾。中药的剂型有汤剂、散剂、丸剂、片剂、冲剂、膏剂等。如今人们爱用的中成药多是片剂和冲剂，实则汤剂才是最富传统意义、也最易为人体吸收的中药剂型。将药物配齐后，用水或黄酒、或水酒参半浸泡，投入砂锅中，加水直至没过药材，先用大火煮沸，再改文火煎煮15—20分钟，去渣取汁即成。汤剂的滋味大多苦涩，古人早有训诫：“良药苦口利于病。”药味虽苦，却可匡扶人体中的平和中正之气，祛除病邪，恢复康健。服用中药时，饮食也有禁忌，如止咳药忌鱼腥，消肿药忌豆类，发汗药忌生冷，止泻药忌瓜果。从前人们服用中药汤剂还有个习惯：将喝完的药渣倾倒在路边供路人踩踏，寓意着灾病从此湮灭，不再复萌。

医在寻常百姓家

在许多西方人眼中，中医近乎于玄学，是高深莫测的，是无迹可寻的。而中医在中国人的生活中却是亲切简单、实实在在的，一根绣花针、一个玻璃杯、一把汤匙甚至一双手掌都可成为中医医治疾病的法宝。西医的外科手术刀常人不敢问津，中医的针灸、推拿、拔罐、刮痧却家家皆可自备，人人皆可修习。

针灸其实是“针”和“灸”两种中医疗法，针法用针石扎刺，灸法用草药熏蒸，都是“从外治内”的治疗方法。施针的部位，中医称为“腧穴”，是疾病的反应点和治疗的受力点。施针时认明腧穴，果断入针，再以各种手法轻轻揉捻针尾，刺激腧穴。受针者不会受损流血，也并无疼痛之感，只觉微微酥麻，体内的病灶所在更有微妙的感应。施灸时用艾绒或其他药物制成灸柱或灸条，点燃后熏烫体表，用温热的刺激促

医生用针灸为一位儿童治疗疾病。

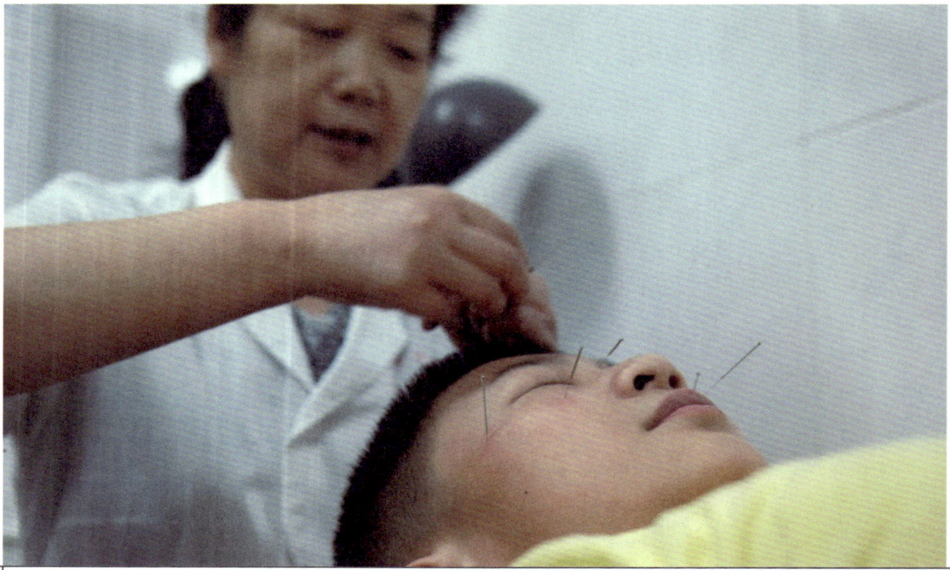

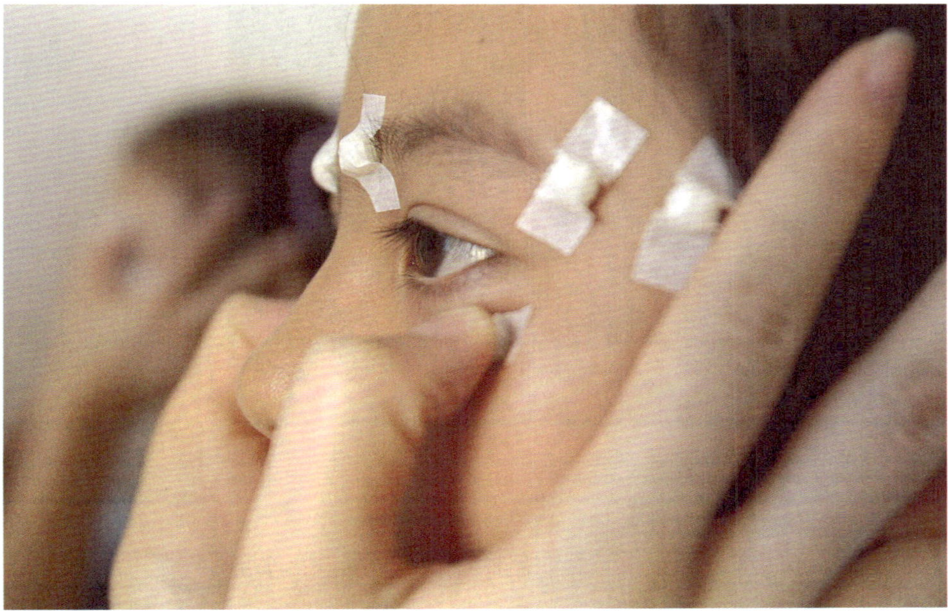

穴位按摩有助于治疗近视。

进体内气血运行的顺畅，调整生理机能，防治疾病。

推拿通过在人体上施力，减轻疼痛，修复损伤，调节循环，促进康复，是“以人疗人”的方式，是真正意义上的自然疗法。推拿讲求技巧和力道，手法多样，流派众多，多用手掌，也可用手指、手肘甚至双足。以足代手的推拿叫作“踩矫”，观者心惊胆战，实则施力者好整以暇，受力者甘之如饴。普通的保健推拿几乎不需任何技法，不拘何时何地何人，也不拘施力于何处，只要手法轻柔，大抵都可解乏、安神。

拔罐疗法有火罐、水罐、药罐之分。最常见的是拔火罐，运用罐内的真空负压和温热刺激行气活血、舒筋活络、消肿止痛、祛风除湿。拔火罐所用的罐可以是玻璃罐、陶罐或竹罐，经验丰富者信手取一个玻璃杯便可拔罐。看民间老者拔罐，恍如戏法：按倒病人，在背上薄薄涂一层凡士林，

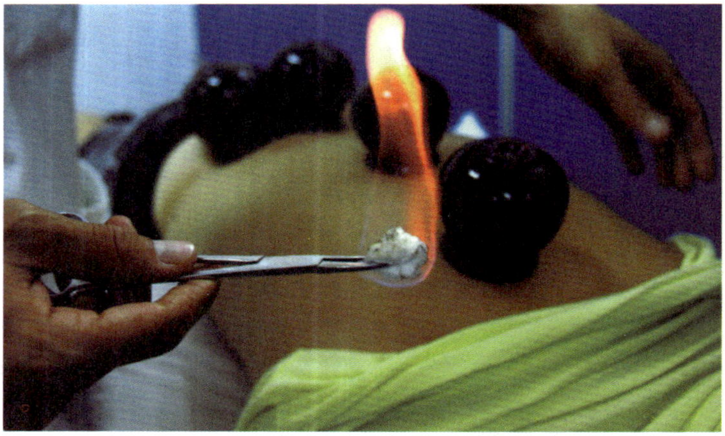

拔火罐多选择肌肉平整厚实的部位，传统火罐用燃烧的酒精面造成罐中的真空环境。

用钳子夹取酒精棉球点燃，左手持罐，右手持钳，将酒精棉球伸入罐内轻轻一燎，随即抽出，燃尽了空气的火罐“扑”的一声扣按在背上，片刻之后罐底肌肤便泛起红紫。火罐可留置数十分钟，也可反复闪火、吸拔，称“闪罐”，或持罐在身体上游走，称“走罐”。起罐后那一枚枚紫红的圆印，便是神妙的中医疗法盖在中国人身体上的印章了。

刮痧疗法常用的是水牛角刮痧板，在涂抹了润肤油的皮肤表面自上而下、自内而外进行刮拭，直至皮肤出现红、紫或暗青色的沙状斑点，便是刮出了“痧症”。痧症多发于夏、秋两季，因受风、寒、暑、湿、燥、火六气而郁积于体内。刮痧可使脏腑内的污秽之气通达于外，活血化瘀，清热解毒，促进周身的新陈代谢。刮痧来源于针灸、推拿、拔罐，又集针灸、推拿、拔罐之所长，是不用针的针灸、不用手的推拿、不用罐的拔罐。民间刮痧不求认穴精准，一掬清水、一把汤匙便可作用于病灶。民间老者至今以刮痧治疗风热感冒，屡试不爽。所以，见到旁人肩颈上的红紫不必惊讶和害怕，那不是伤痕，只是痧症，三日之后，原本委靡之人便脱胎换骨、神清气爽。

外练筋骨皮，内练一口气

在全球一村的今天，来源于英文的汉语词汇不在少数，如沙发、咖啡、吉普等，但在英文中，也有一个专为中国而创的词汇——Kong Fu。中国功夫正是这样一种征服了世界的武文化——除了“功夫”二字本身，没有其他词汇能够诠释它。

如果一定要为功夫做一番诠释的话，它应该包含了中国传统的武术、武艺、武功和身心修为的方法。狭义的“武术”尤指拳术，有少林、武当、峨眉、南拳、形意、太极、八卦等七大拳系；“武艺”多与兵器有关，刀、枪、剑、棍等九长、九短十八种兵器便是所谓的“十八般武艺”；“武功”往往侧重于内功，以意御气，以气流布全身，并可贯于一点、收放自如；而身心修为的方法主要是渗透了中医理念的气功，是由心至身的自我调节和自我平衡。

古老的中国功夫在20世纪惊艳于世界，两位不可不提的传播者是李小龙和金庸。李小龙自创截拳道，以功夫电影重整华人的自信和自尊，被美国《时代》杂志誉为“二十世

华人明星李小龙主演的电影让中国功夫风行海外。

“天下功夫出少林”，驰名中外的河南嵩山少林寺正是少林武术的发源地。

纪的英雄和偶像”。金庸的武侠小说深深根植于中国传统文化，传递着富有东方神韵的侠义精神，可以说，“有华人的地方就有金庸迷”。李小龙和金庸，一个用身手，一个用笔墨；一个重在武术，一个重在武功；一个张扬着武人的意志和气概，一个刻画了侠客的道德和情感。他们二人，恰好构成了中国功夫的双重内涵——刚柔并济、内外兼修。

内外兼修的中国功夫又有“内家”与“外家”之别，比肩而立的两大流派——少林和武当分别是外家功夫和内家功夫的代表。所谓“外练筋骨皮，内练一口气”，少林功夫刚猛，武当功夫柔静；少林功夫重在招式，武当功夫重在意念；少林功夫常用于抗暴，武当功夫多用于修身；少林功夫是悲天悯人的佛家精神，武当功夫是无为而治的道家情怀。

一名少林武僧在山中练功。

内家功夫的这“一口气”发展到了极致，便是气功。气功是人体的自我调节，通过意念、呼吸和体势，调心、调息并调身，开启潜能、平衡心理、健体强身。气功本是养生之道，也有少数的气功高手运气如神，可手劈砖石、脚踩钢刀，成为中国功夫的一项奇观。

气功绝活虽令人神往，但毕竟能者甚微，今日中国，民间流传最广、百姓操习最多的功夫还是太极拳。太极拳有三百多年的历史，流派众多，但拳理一致，都讲求静心用意、凝神聚气，动作舒缓、柔和、圆活，如行云流水，连绵不断，可怡情养性、祛病强身。中老年人多无法抗拒太极的魅力，清晨露水中三五人相约于公园，拉开架势，专心一意地“野马分鬃”，一炷香的工夫，双颊便泛起了

武当山的道长在传授太极剑。

作为中国国粹之一，太极拳的魅力让全世界众多爱好者为之倾倒。

红光，眼中便泛起了笑意，心中便怡然自得。这一项传承于白发老人当中的中国功夫，实则恰恰印证了中国武文化的精髓。“武”字乃“止戈”，“武”的终极追求不在争斗，而在平和。

今天，武林高手并不常见，但“生命在于运动”的理念早已深入人心。运动和健身是中国人当代的“功夫”，是中国人时下强身健体、调适身心的当家之道。

风靡世界的足球和篮球在中国同样拥有庞大的拥趸，在年轻人尤其是大学生群体里，不乏业余高手。国球乒乓球和易学易练的羽毛球在中国拥有广泛的群众基础，常常是大家清晨、黄昏或午间休闲的项目。台球、网球、壁球等运动传入中国的时间虽不长，却迅速为上班族所接受和喜爱。古人常常寄情于山水之间，当代中国人的运动也

滑雪爱好者尽情享受滑雪带给他们的欢乐。

健身房内，教练正带领学员认真练习。

与山水不离不弃。登山和游泳这两项亲近自然的运动不分老幼，可以是竞技，也可以是休闲；可以很时尚，也可以很传统。此外，攀岩、滑雪、潜水、帆板、赛车等户外运动，以新锐少年为主体的极限运动，常与团队意识相结合的拓展运动，都是中国时尚运动生活的全新注脚。

较之竞技性颇强的运动而言，健身则是更加贴近生活的强身之道。专业健身房、健身会所、健身俱乐部在中国大中城市中早已不鲜见。出入健身房几乎成为都市白领在购物、娱乐之外的第三大业余生活。健身房里，男士多选择器械训练，而女士则更钟情专项课程；男士通过健身保持健康，女士则通过健身追寻美丽。东方的瑜伽在修身之外还可修心；

都市白领在跑步机上挥汗如雨。

西方的普拉提在健身之外还可塑身；健美操张扬着动感活力；芭蕾训练散发着优雅韵味；拉丁舞、肚皮舞热情奔放，传递着异国风情。此外，“全民健身工程”让健身走进了中国城市的大部分社区，甚至走进了家庭。社区里的体育健身设施让老人和孩子都能在家门前锻炼身体，而家用健身器材更是让“家庭健身房”成为现实。中国人对健康生活的追求永远不会停歇。

餐桌上的养生术

“医食同源”是中国传统养生学的一贯主张。所谓“医食同源”，是指医药和饮食起源相近、原理相通。商朝（公元前1600年—前1046年）有个叫作伊尹的人，以百草熬汁，既可做菜肴，也可做汤药。所以，伊尹既是厨师，也是医师，是上古时代“医食同源”的先行者。

“医食同源”其实有两重意义，即“以食当医”和“以医入食”，这就是今天我们所说的“食疗”和“药膳”。

食疗是运用食物中天然的特性调理人体的阴阳，辅助病症的治疗，促进身心的康复。谷、肉、果、蔬也同中草药一样，具有寒、热、温、凉、平的特性。如：大麦、羊肉、荔枝、韭菜性温热；小米、鸭肉、柿子、冬瓜性寒凉；糯米、猪肉、苹果、甘薯性平。根据中医“热者寒之，寒者热之”的原则，体质温热的人应该适当进食寒凉的食物；而体质寒凉的人则应以温热的食品进行食疗。食物不仅能提供生

讲究医食同源的中国人喜欢滋补类的食品。

命能量、满足口腹之欲，还能祛病消灾。俗话说，“是药三分毒”，以食当医的好处不仅在于有百益而无一害，还能将“良药苦口”变为“良药可口”，何乐而不为？当然，食物既然各有偏性，在配合使用时自然也有宜有忌。一般来说，相同性味的食物配合使用可以事半功倍，如百合与秋梨同食可清热润肺；姜水与红糖同饮可温中散寒。不同食物之间也有相互克制，如生姜能够抑制鱼类引起的皮疹，萝卜却会减弱山药益气的功效。还有一些食物配伍是禁忌的，如螃蟹与柿子同食，易引起腹泻；牛肉与栗子同食，易导致呕吐；猪肉与田螺同食，会伤害肠胃；虾与大枣同食，甚至会中毒。

今天餐桌上最常见的“食疗”莫过于粗粮。“粗粮”的称呼是相对于精米白面而言的，包括谷类中的玉米、小米、紫米、高粱、燕麦、荞麦以及各种豆类，如黄豆、青豆、赤豆、绿豆等。粗粮是没有经过精细加工的粮食，许多天然的

左：川贝雪梨能润肺、化痰，是秋季最好的养生甜品。

右：玉米面制成的窝窝头，既好看又好吃，是深受老百姓欢迎的健康食品。

营养成分得以保存。现代营养学证明，粗粮所含丰富的维生素、矿物质和膳食纤维可抗癌、降压、护心脑、清肠胃甚至养颜润肤，所以，中国人对粗粮的推崇决不仅仅是忆苦思甜的怀旧，更是保健养生的风尚。筵席之上，山珍海味可能已令人兴味索然，但一份粗粮细做的点心却往往备受欢迎。

五谷杂粮的营养价值逐渐为现代人所重视，成为新的饮食时尚。

食疗虽好，也不能完全替代医药。中草药不仅能制成汤剂、片剂、冲剂、丸剂，还能与食物同配，做到“药借食味，食助药性”。药膳不仅可辅助药物治疗疾病，对于身体康健之人，也可强身、防病。药膳的运用须对症，“虚者补之，实者泻之”，还须因时、因地、因人而异，不可盲目进补。药物与食物的配伍禁忌也是古人的经验之谈，后人多遵从古训，如猪肉反黄连、苍术；羊肉反半夏、菖蒲；蒜忌地黄；醋忌茯苓。

今天，饮食对身体的调理作用已经成为中国人生活中的常识。感冒来袭时吃点蒜，有腹泻征兆时喝一杯红酒，酒醉后饮些番茄汁，疲劳时吃一根香蕉，会收到意想不到的效果，寻常饮食便可守护健康与安宁。